Impressum
Verlag: BABADADA GmbH, Nedderfeld 112 , 22529 Hamburg
Geschäftsführer / Verlagsleitung: Harald Hof
Druck: Books on Demand GmbH, In de Tarpen 42, 22848 Norderstedt

Imprint
Publisher: BABADADA GmbH, Nedderfeld 112 , 22529 Hamburg, Germany
Managing Director / Publishing direction: Harald Hof
Print: Books on Demand GmbH, In de Tarpen 42, 22848 Norderstedt

σχολείο

تقسیم
διαιρώ

186/2

بورډ
πίνακας

تولګی
σχολική τάξη

د ښوونځي حویلی
σχολική αυλή

ښوونکی
δάσκαλος

ورق
χαρτί

لیکل
γράφω

قلم
στυλό

ډیسک
γραφείο

خط کش
χάρακας

کتاب
βιβλίο

زده کونکی
μαθητής

کڅوړه
σχολική τσάντα

د پنسل بکسه
κασετίνα/ μολυβοθήκη

پنسل
μολύβι

پنسل تراش
ξύστρα

ربړ
γόμα

د رسامی پانه
μπλοκ ζωγραφικής

رسامي

ζωγραφική

د نقاشی برس

πινέλο

د نقاشی بکس

κουτί χρωμάτων

قیچي

ψαλίδι

سریش

κόλλα

د تمرین کتاب

τετράδιο ασκήσεων

کورنی دندہ

εργασία για το σπίτι

شمیر

αριθμός

جمع

προσθέτω

منفي

αφαιρώ

ضرب

πολλαπλασιάζω

حساب

υπολογίζω

تۆری

γράμμα

بالفبا

αλφάβητο

کلمه

λέξη

متن

κείμενο

لوستل

διαβάζω

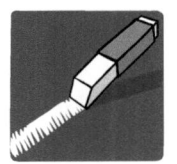

تباشیر

κιμωλία

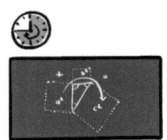

سرد

μάθημα

راجستر

εγγράφομαι

ازمویینه

ΤΕΣΤ

تصدیق پانۀ

πιστοποιητικό

د ښوونځي یونیفارم

μαθητική στολή

تعلیم

εκπαίδευση

دایرهٔ المعارف

εγκυκλοπαίδεια

پوهنتون

πανεπιστήμιο

مایکروسکوپ

μικροσκόπιο

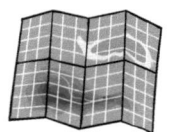

نقشه

χάρτης

اشغالدانی

καλάθι αχρήστων

سفر

ταξίδι

هوټل
ξενοδοχείο
Grand
لیلیه
ξενώνας
ROOMS
د اسعارو د تبادلې دفتر
ανταλλακτήρια συναλλάγματος
بکس
βαλίτσα
موټر
αυτοκίνητο

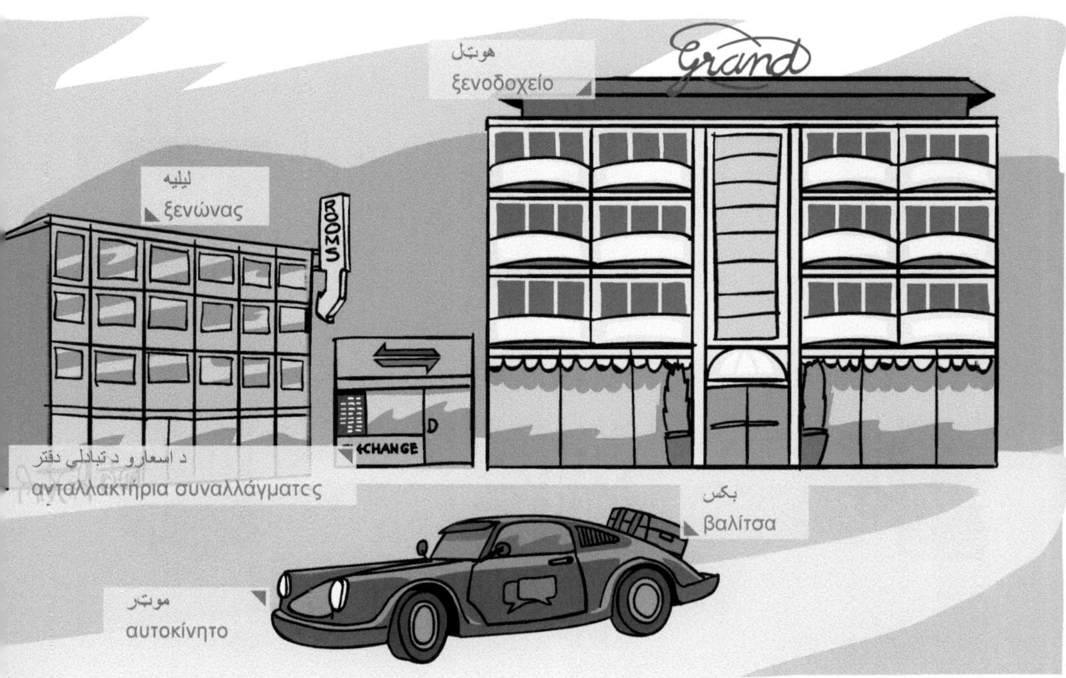

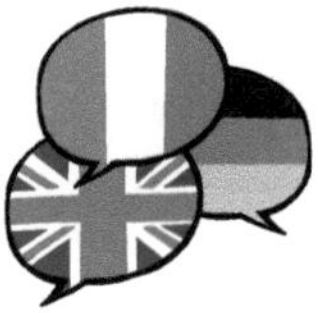

ژبه

γλώσσα

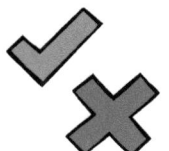

هو/نه

ναι / όχι

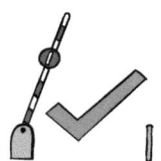

سمه ده

εντάξει

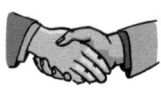

سلام

γεια σου

ژباړونکی

μεταφραστής

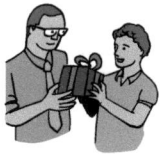

مننه

Ευχαριστώ

څومره دي...؟

πόσο κάνει ;

زه نه پوهیږم

Δε καταλαβαίνω

ستونزه

πρόβλημα

ماښام مو پخیر!

Καλησπέρα!

سهار په خیر!

Καλημέρα!

شپه په خیر!

Καληνύχτα!

په مخه مو ښه

Αντίο

لاریښود

κατεύθυνση

سامان

αποσκευές

بیگ

τσάντα

شاتنی بکس

σακίδιο πλάτης

میلمه

καλεσμένος

خونه

δωμάτιο

د خوب کڅوړه

υπνόσακος

خیمه

σκηνή

د توریزم معلومات
توριστικές πληροφορίες

ساحل
παραλία

کریدیت کارت
πιστωτική κάρτα

ناری
πρωινό

د غرمي خواره
μεσημεριανό

د شپي خواره
δείπνο

تیکت
εισιτήριο

لفت
ανελκυστήρας

مهر
γραμματόσημο

پوله
σύνορα

ګمرک
τελωνείο

سفارت
πρεσβεία

ویزه
βίζα

پاسپورت
διαβατήριο

ټرانسپورټ

μεταφορά

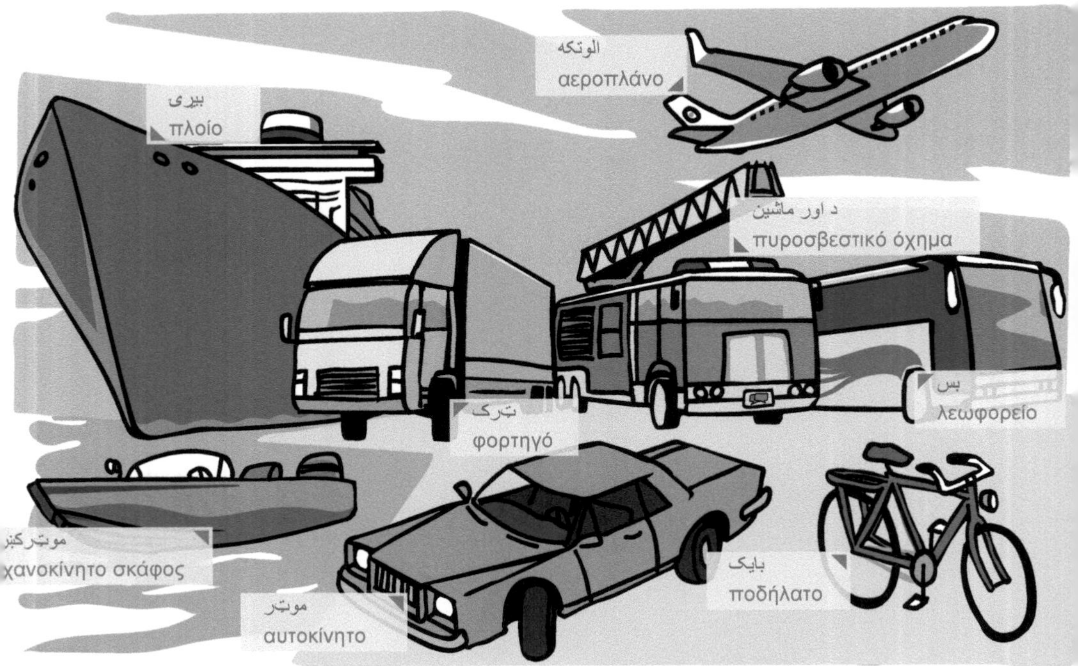
الوتکه
αεροπλάνο
بېړۍ
πλοίο
د اور ماشین
πυροσβεστικό όχημα
بس
λεωφορείο
ټرک
φορτηγό
موټرکښتۍ
χανοκίνητο σκάφος
بایک
ποδήλατο
موټر
αυτοκίνητο

کښتۍ

φεριμπότ

کښتۍ

βάρκα

موټرسایکل

μοτοσικλέτα

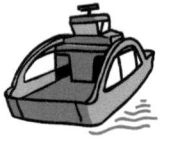

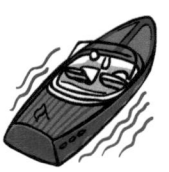

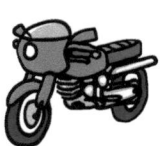

د پولیسو موټر

περιπολικό

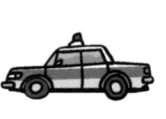

د ریس موټر

αγωνιστικό αυτοκίνητο

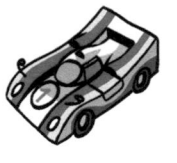

کرایی موټر

ενοικιαζόμενο αυτοκίνητο

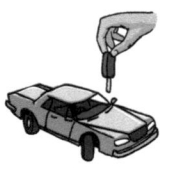

د کرایه موټری

διαμοιρασμός αυτοκινήτων

جرثقیل لرونکی ټرک

γερανός

ريفيوز ټرک

απορριμματοφόρο

موټر

κινητήρας

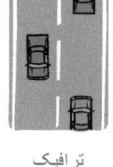

سونګ ټوکي

καύσιμο

پټرول سټیشن

βενζινάδικο

ټرافیکي نښه

πινακίδα σήμανσης

ترافیک

κυκλοφορία

جام ترافیک

κυκλοφοριακή συμφόρηση

د موټرو تمځای

χώρος στάθμευσης

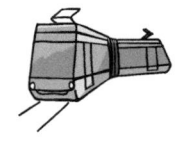

د ریل سټیشن

σιδηροδρομικός σταθμός

پانټکي

σιδηροδρομικές γραμμές

ریل

τρένο

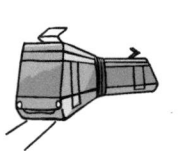

ټرام

τραμ

واګون

βαγόνι

چورلکه

ελικόπτερο

هوايي ډګر

αεροδρόμιο

برج

πύργος

مسافر

επιβάτης

کانټینر

εμπορευματοκιβώτιο

کارتون

χαρτοκιβώτιο

کارت

καρότσι

ټوکری

καλάθι

الوتنه کول/کښېناستل

απογειώνομαι /
προσγειόνομαι

کلی

χωριό

د ښار مرکز

κέντρο της πόλης

کور

σπίτι

کوټله
καλύβα

اپارتمان
διαμέρισμα

د ریل سټیشن
σιδηροδρομικός σταθμός

ټاون هال
δημαρχείο

میوزیم
μουσείο

ښوونځی
σχολείο

پوهنتون

πανεπιστήμιο

بانک

τράπεζα

روغتون

νοσοκομείο

هوټل

ξενοδοχείο

درملتون

φαρμακείο

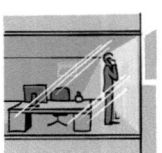

دفتر

γραφείο

کتاب پلورنځی

βιβλιοπωλείο

پلورنځی

κατάστημα

د ګلانو پلورنځی

ανθοπωλείο

لوی پلورنځی

σούπερ μάρκετ

مارکیټ

αγορά

د ډیپارټمنټ ستور

πολυκατάστημα

کب پلورنځی

ιχθυοπωλείο

د پلور مرکز

εμπορικό κέντρο

لنګرتون

λιμάνι

پارک

πάρκο

بینچ

παγκάκι

پل

γέφυρα

زینه

σκάλες

د ځمکی لاندي

μετρό

تونل

τούνελ

بس تمځای

στάση λεωφορείου

بار

μπαρ

ریستورانت

εστιατόριο

پوست بکس

γραμματοκιβώτιο

د کوڅی نښه

πινακίδα δρόμου

د پارک کولو میتر

παρκόμετρο

ژوبڼ

ζωολογικός κήπος

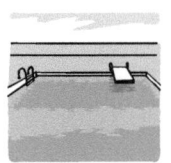

د لامبو حوض

πισίνα

مسجد

τζαμί

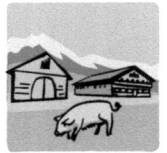

کرونده

αγρόκτημα

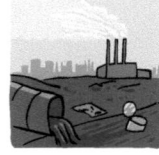

ناپاکي

ρύπανση

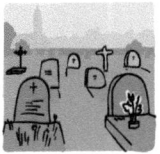

هدیره

νεκροταφείο

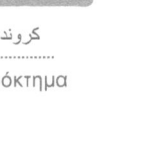

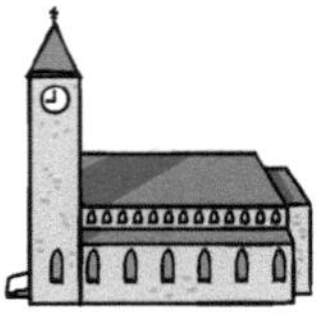

چرچ

εκκλησία

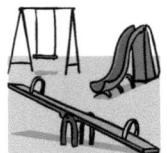

د لوبو ډګر

παιδική χαρά

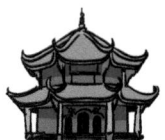

معبد/کلیسا

ναός

منظره

τοπίο

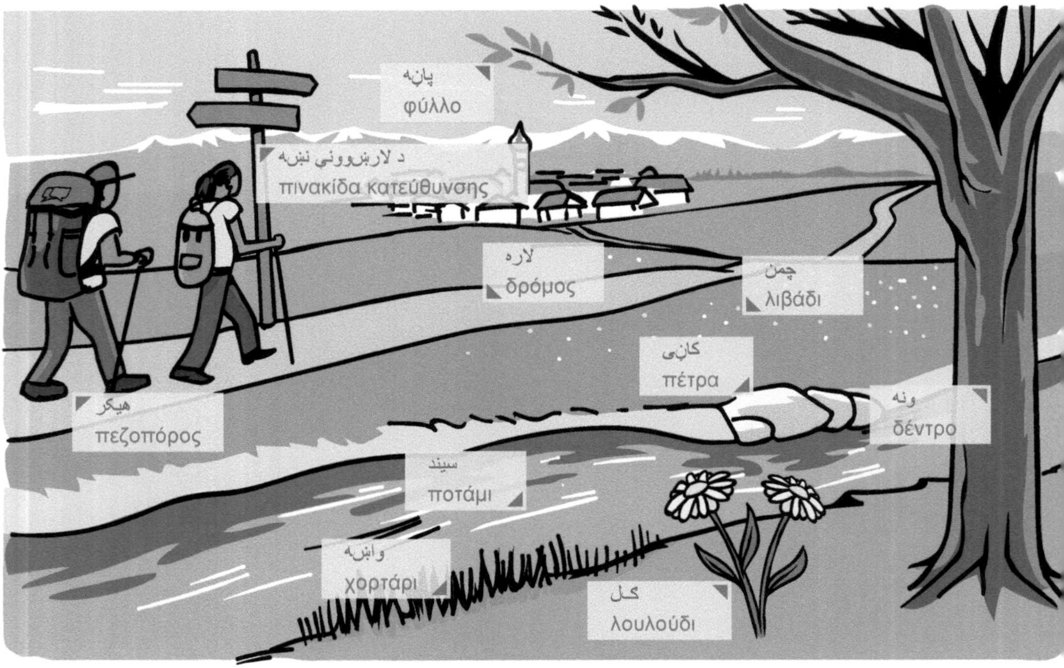
پاڼه
φύλλο
د لارښوونې نښه
πινακίδα κατεύθυνσης
لاره
δρόμος
چمن
λιβάδι
کاڼی
πέτρα
هیکر
πεζοπόρος
ونه
δέντρο
سیند
ποτάμι
واښه
χορτάρι
ګل
λουλούδι

دره

κοιλάδα

غوندی

λόφος

ناور

λίμνη

ځنګل

δάσος

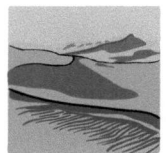

دشته

έρημος

اورشیندی

ηφαίστειο

کلا

κάστρο

رنگین کمان

ουράνιο τόξο

مرخیړی

μανιτάρι

پلم ونه

φοίνικας

ماشی

κουνούπι

الوتل

μύγα

مېږی

μυρμήγκι

مچی

μέλισσα

غوند/جولا

αράχνη

كونگت
σκαθάρι

چونگبڑه
βάτραχος

نولی
σκίουρος

زیریکی
σκαντζόχοιρος

سوی
λαγός

كونگ
κουκουβάγια

مرغی
πουλί

قازه
κύκνος

نرخوک
αγριογούρουνο

هوسی
ελάφι

گاوزه
άλκη

بند
φράγμα

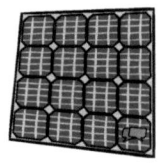

بادي توربین
ανεμογεννήτρια

سولر تختی
ηλιακός συλλέκτης

اقلیم
κλίμα

ریسټورانټ

εστιατόριο

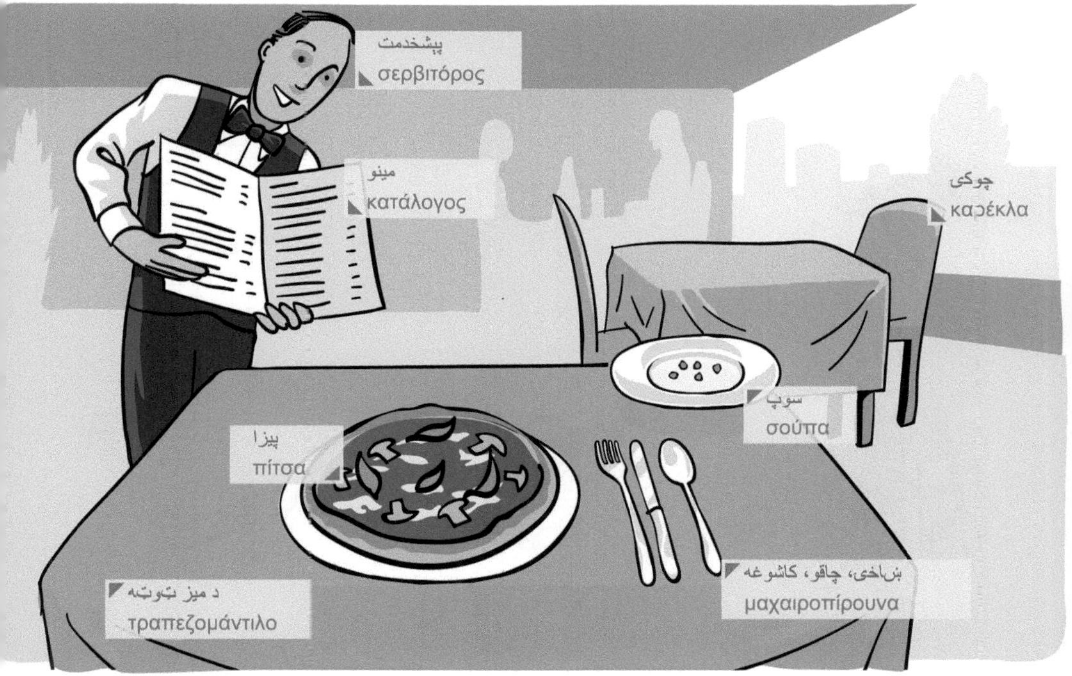
پیشخدمت
σερβιτόρος
مینو
κατάλογος
چوکۍ
καρέκλα
سوپ
σούπα
پیزا
πίτσα
د میز ټوټه
τραπεζομάντιλο
ښاخې، چاقو، کاشوغه
μαχαιροπίρουνα

ستارټر

ορεκτικό

اصلي خواړه

κύριο πιάτο

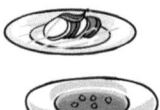

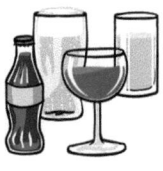

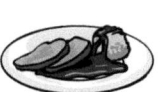

شیرني

επιδόρπιο

څښاک

ποτά

خواړه

φαγητό

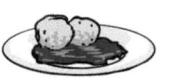

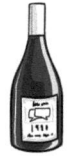

بوتل

μπουκάλι

فاست فوډ

φαστ φουντ

د کوڅي خواره

φαγητό στ' όρθιο

چای جوش

τσαγιέρα

قندانی

δοχείο ζάχαρης

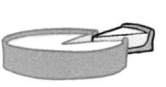

برخه

μερίδα

اسپرسو مشین

μηχανή εσπρέσο

لوړه چوکی

ψηλή καρέκλα

رسید

λογαριασμός

مجمه

δίσκος

چاکو

μαχαίρι

پنجه

πιρούνι

قاشق

κουτάλι

چای قاشق

κουταλάκι του τσαγιού

سورویت

πετσέτα φαγητού

گلاس

ποτήρι

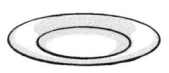

پلیټ

πιάτο

د سوپ پلیټ

πιάτο σούπας

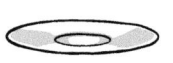

نالبکی

πιατάκι φλιτζανιού

ساس

σάλτσα

مالګه شیندونکی

αλατιέρα

د مرچ بتکولو لوخی

μύλος για πιπέρι

سرکه

ξύδι

غوري

λάδι

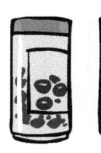

مساله

μπαχαρικά

کچ اپ

κέτσαπ

شرشم

μουστάρδα

چکه

μαγιονέζα

لوی پلورنځی
σούπερ μάρκετ

خانګړی وړاندیز
προσφορά
FOR
پیرودونکی
πελάτης
لبنیات
γαλακτοκομικά προϊόντα
مېوه
φρούτα
لاسي ګرځ
καρότσι για ψώνια

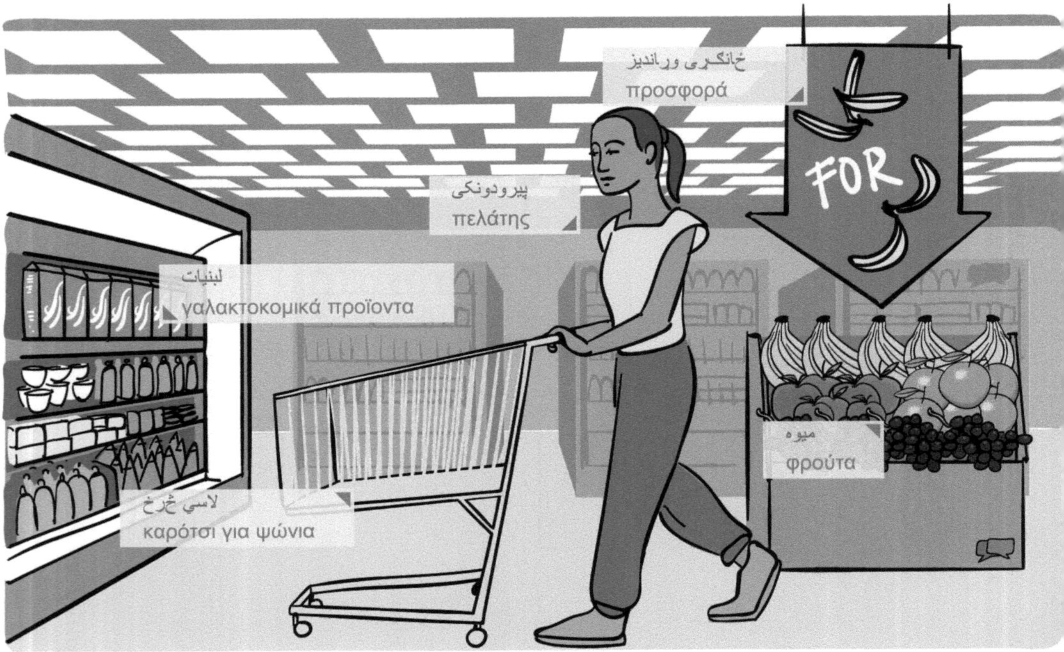

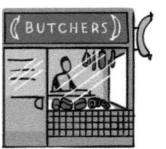

BUTCHERS

قصابي
....
κρεοπωλείο

BAKERY

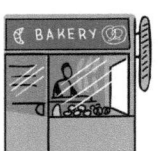

نانوایی
....
φούρνος

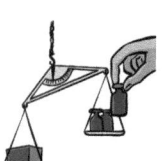

وزن کول
....
ζυγίζω

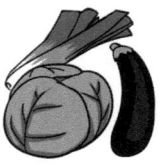

سبزیجات
....
λαχανικά

غوښه
....
κρέας

کنګل خواړه
....
κατεψυγμένα τρόφιμα

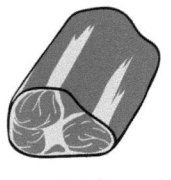

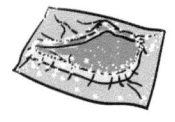

يخه غوبشه

αλλαντικά

كنسروا خواره

κονσερβοποιημένη τροφή

د مينځلو پودر

απορρυπαντικό ρούχων

شیرینی

γλυκά

كورني توليدات

οικιακά είδη

د پاكولو محصولات

καθαριστικά προϊόντα

د پلور فرد

πωλήτρια

د نغدي راجستر

ταμείο

صراف

ταμίας

د پیرود لیست

λίστα για ψώνια

كاري ساعتونه

ωράριο λειτουργίας

بټوه

πορτοφόλι

كریدیت كارت

πιστωτική κάρτα

كڅوړه

τσάντα

پلاستیک كڅوړه

πλαστική σακούλα

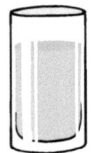

اوبه

νερό

جوس

χυμός

شیده

γάλα

کوک

κόκα κόλα

واین

κρασί

بیر

μπίρα

الکول

αλκοόλ

ککاو

κακάο

چای

τσάι

کافی

καφές

اسپرسو

εσπρέσο

کپچینو

καπουτσίνο

كيله

μπανάνα

منه

μήλο

نارنج

πορτοκάλι

هندوانه

πεπόνι

ليمو

λεμόνι

كـازره

καρότο

هوږه

σκόρδο

بانكس

μπαμπού

پياز

κρεμμύδι

مرخيري

μανιτάρι

چغزی

ξηροί καρποί

آش

νουντλς

سپیگټي
....
μακαρόνια

وریجي
....
ρύζι

سلاد
....
σαλάτα

چپس
....
πατατάκια

سره کري کچالو
....
τηγανητές πατάτες

پیزا
....
πίτσα

همبرگر
....
χάμπουργκερ

ساندویچ
....
σάντουιτς

کتره
....
κοτολέτα

د پتون غوښه
....
ζαμπόν

سلمي
....
σαλάμι

ساسچ
....
λουκάνικο

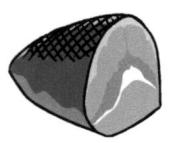

چرگ
....
κοτόπουλο

روسټ
....
ψητό

کب
....
ψάρι

خواړه - φαγητό

د وربشي شيرني

χυλός βρώμης

موسلي

μούσλι

د جوار پلی

κορν φλέικς

اوره

αλεύρι

کروسانت

κρουασάν

د ډوډۍ رول

ψωμάκι

ډوډۍ

ψωμί

ټوسټ

τοστ

بسکیت

μπισκότα

کوچ

βούτυρο

چکه

τυρόπηγμα

کیک

κέικ

هګۍ

αυγό

پخي هګۍ

τηγανητό αυγό

پنیر

τυρί

خواړه - φαγητό

آیس کریم

παγωτό

بوره

ζάχαρη

شهد

μέλι

مربا

μαρμελάδα

نوگات کریم

άλλειμμα σοκολάτας

کورکمان

κάρυ

αγρόκτημα

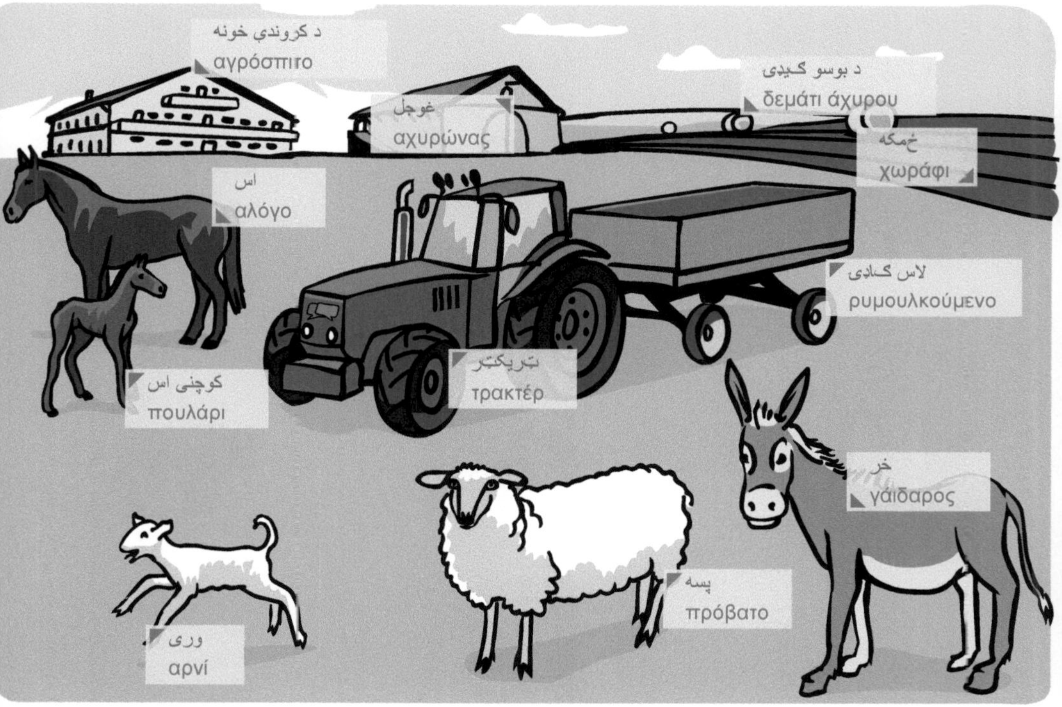
د کروندې خونه
αγρόσπιτο
غوجل
αχυρώνας
د بوسو ګېډۍ
δεμάτι άχυρου
ځمکه
χωράφι
اس
αλόγο
لاس ګاډی
ρυμουλκούμενο
کوچنی اس
πουλάρι
ټریکټر
τρακτέρ
خر
γάιδαρος
پسه
πρόβατο
وری
αρνί

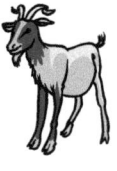

وزه

κατσίκα

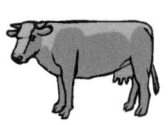

غوا

αγελάδα

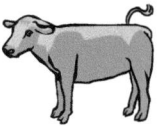

خوسکی

μοσχαράκι

خوګ

γουρούνι

د خوګ بچی

γουρουνάκι

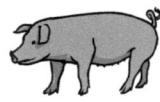

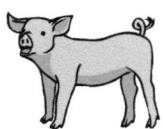

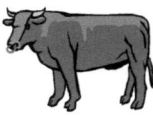

غویی

ταύρος

بته

χήνα

هيلۍ

πάπια

چرګوړی

κοτοπουλάκι

چرګه

κότα

بانګي

κόκορας

سارای موږک

αρουραίος

پیشک

γάτα

موږک

ποντίκι

غویی

βόδι

سپی

σκύλος

د سپي خونه

σπιτάκι σκύλου

د باغ هوز

λάστιχο κήπου

د اوبو لوخی

ποτιστήρι

لور (داس)

θεριστήρι

یوی

αλέτρι

لور

δρεπάνι

رمبی

τσάπα

بشاخی

δίκρανο

تبر

τσεκούρι

کراچی

χειράμαξα

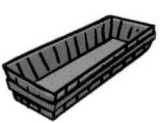

ناوه

ταΐστρα

د شیدو لوخی

δοχείο γάλακτος

جوال

σάκος

کتیاره

φράχτης

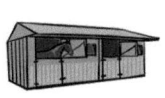

مضبوط

στάβλος

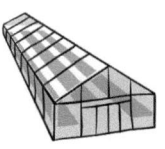

شنه خونه

θερμοκήπιο

خاوره

έδαφος

تخم

σπόρος

سره/ه/کود

λίπασμα

گد ریبونکی ماشین

θεριζοαλωνιστική μηχανή

زيرمه كول

θερίζω

درمند

συγκομιδή

خواره كچالو

γιαμς

غنم

σιτάρι

سويا

σόγια

كچالو

πατάτα

جوار

καλαμπόκι

نباتي تخم

κράμβη

د ميوي ونه

οπωροφόρο δέντρο

مانيوك

μανιόκα

غله

δημητριακά

کور
σπίτι

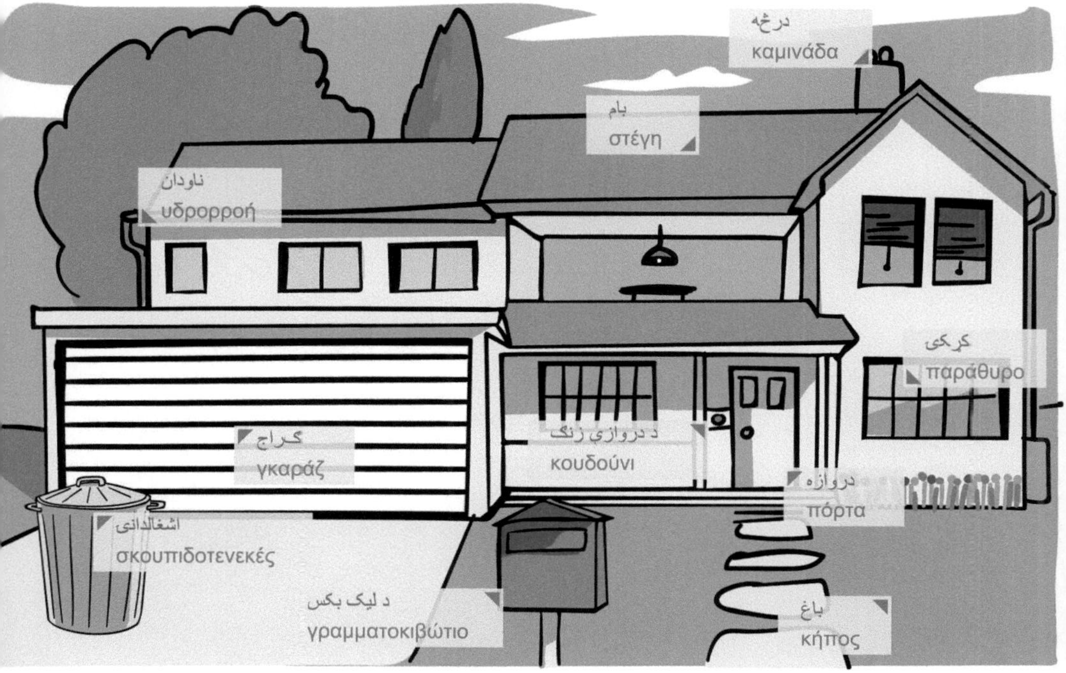

درځه
καμινάδα
بام
στέγη
ناودان
υδρορροή
کړکۍ
παράθυρο
ګراج
γκαράζ
د دروازې زنګ
κουδούνι
دروازه
πόρτα
اشغالدانۍ
σκουπιδοτενεκές
د لیک بکس
γραμματοκιβώτιο
باغ
κήπος

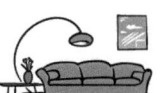

د اوسیدو خونه
....
σαλόνι

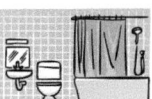

حمام
....
μπάνιο

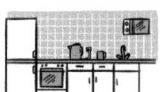

پخلنځی
....
κουζίνα

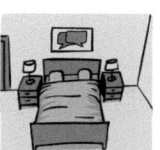

د ویده کیدو خونه
....
υπνοδωμάτιο

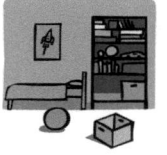

د ماشوم خونه
....
παιδικό δωμάτιο

د خوړو خونه
....
τραπεζαρία

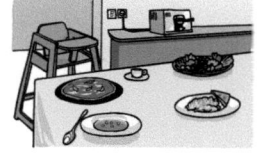

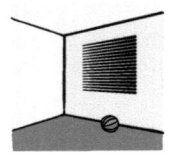

فرش

πάτωμα

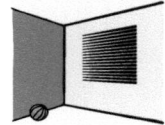

دیوال

τοίχος

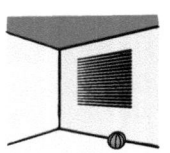

چت

οροφή

زیرخانه

κελάρι

سونا

σάουνα

بالکونی

μπαλκόνι

تراس

βεράντα

حوض

πισίνα

د چمن وهلو ماشین

μηχανή του γκαζόν

شیت

σεντόνι

روجایی

κάλυμμα κρεβατιού

تخت

κρεβάτι

جارو

σκούπα

بوکه

κουβάς

سویچ

διακόπτης

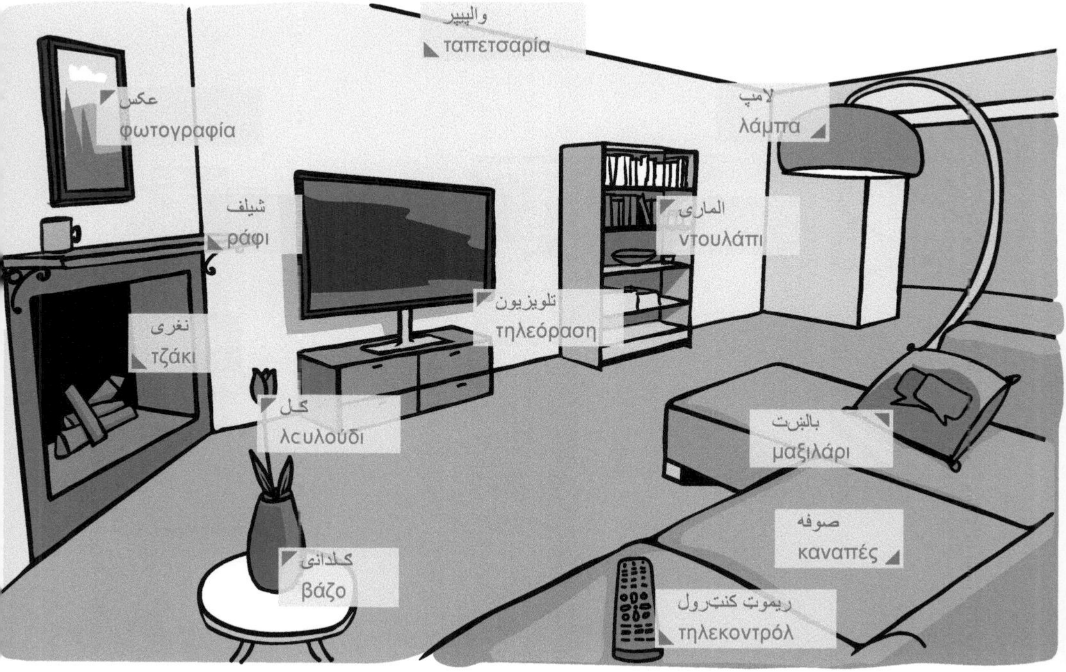

والپيپر
ταπετσαρία
عکس
φωτογραφία
لامپ
λάμπα
شيلف
ράφι
الماری
ντουλάπι
تلويزيون
τηλεόραση
نغری
τζάκι
ګل
λουλούδι
بالښت
μαξιλάρι
صوفه
καναπές
ګلدانی
βάζο
ريموټ کنټرول
τηλεκοντρόλ

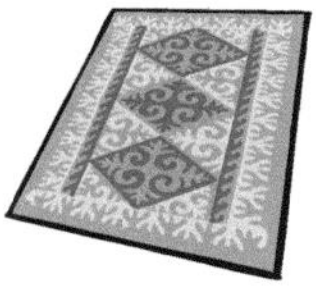

غالی

χαλί

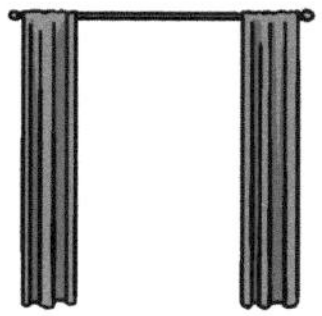

پرده

κουρτίνα

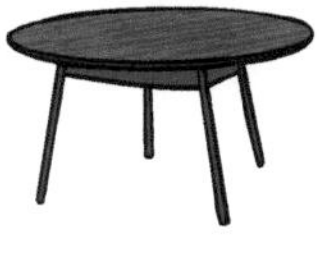

ميز

τραπέζι

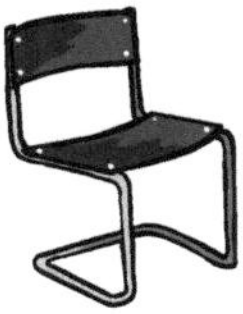

چوکۍ

καρέκλα

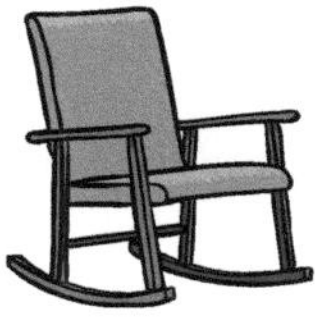

تاويدونکې چوکۍ

κουνιστή πολυθρόνα

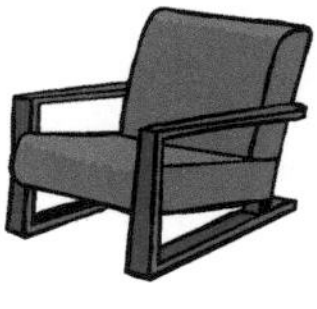

بازو لرونکی چوکۍ

πολυθρόνα

كتاب

βιβλίο

كمپل

κουβέρτα

ديكوريشن

διακόσμηση

د اور لرګي

καυσόξυλα

فلم

ταινία

هايـفاى

στερεοφωνικό σύστημα

كلي

κλειδί

ورځپانه

εφημερίδα

نقاشي

πίνακας ζωγραφικής

پوستر

αφίσα

رادیو

ραδιόφωνο

كتابچه

σημειωματάριο

واكيوم جارو

ηλεκτρική σκούπα

كاكتوس

κάκτος

شمع

κερί

پخلنځی
κουζίνα

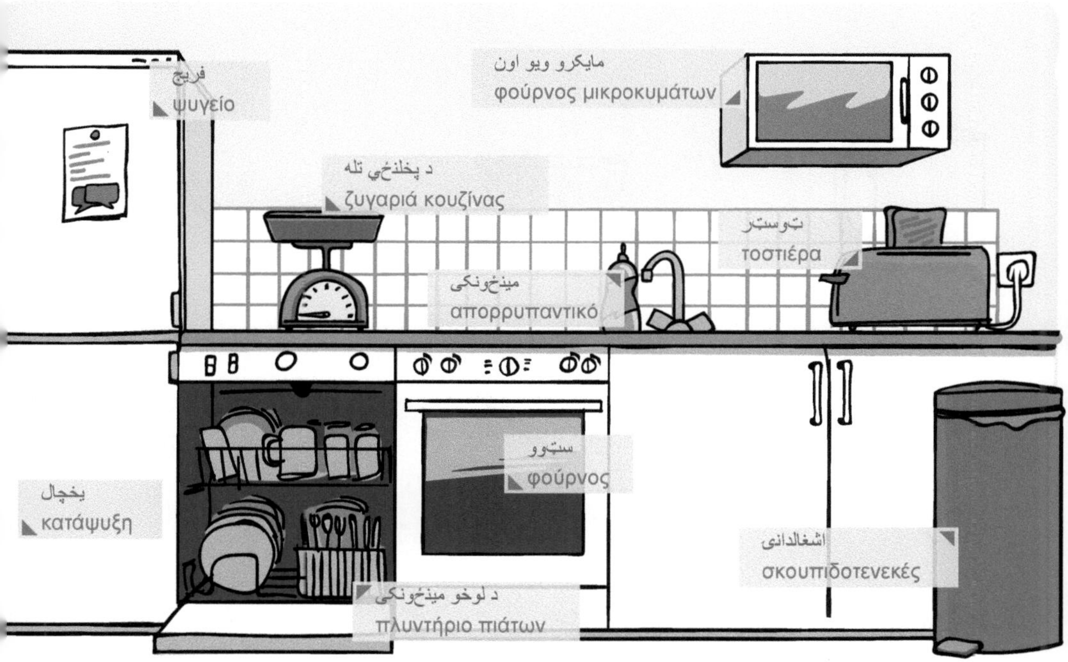
فریج
ψυγείο
مایکرو ویو اون
φούρνος μικροκυμάτων
د پخلنځي تله
ζυγαριά κουζίνας
ټوستر
τοστιέρα
مینځونکی
απορρυπαντικό
ستوو
φούρνος
یخچال
κατάψυξη
اشغالدانی
σκουπιδοτενεκές
د لوخو مینځونکی
πλυντήριο πιάτων

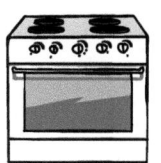

دیگ بخار

κουζίνα

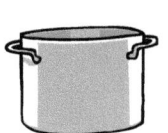

لوخی

κατσαρόλα

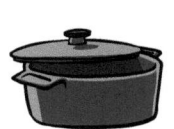

چدني لوخی

μαντεμένια κατσαρόλα

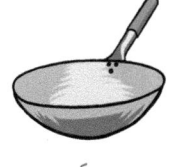

ووک

γουόκ/καντάι

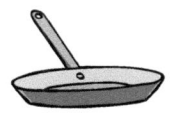

د تلي په

τηγάνι

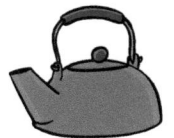

چای جوش

βραστήρας

د بخار دیگ

ατμομάγειρας

پتّوس

ταψί

لوخي

πιατικά

مگ

κούπα

کاسه

μπολ

د رانیولو اوزار

ξυλάκια

څمڅی

κουτάλα

کفگیر

σπάτουλα

پاکونکی

ανακατεύω

صافي

σουρωτήρι

غلبیل

σουρωτηράκι

کریتر

τρίφτης

اونگ

γουδί

بار بي کیو

ψησταριά

خلاص اور

ανοιχτή φωτιά

تخته

σανίδα κοπής

هواورنکی

πλάστης

کارک سکریو

ανοιχτήρι φελλών

ټیم

κονσέρβα

د ټیم خلاصونکی

ανοιχτήρι κονσέρβας

د لوخي ټوبته

γάντι φούρνου

ظرف شوی

νεροχύτης

برس

βούρτσα

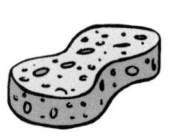

سپنج

σφουγγάρι

بلیندر

μπλέντερ

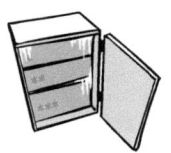

ژور يخچال

καταψύκτης

د ماشوم بوتل

μπιμπερό

نل

βρύση

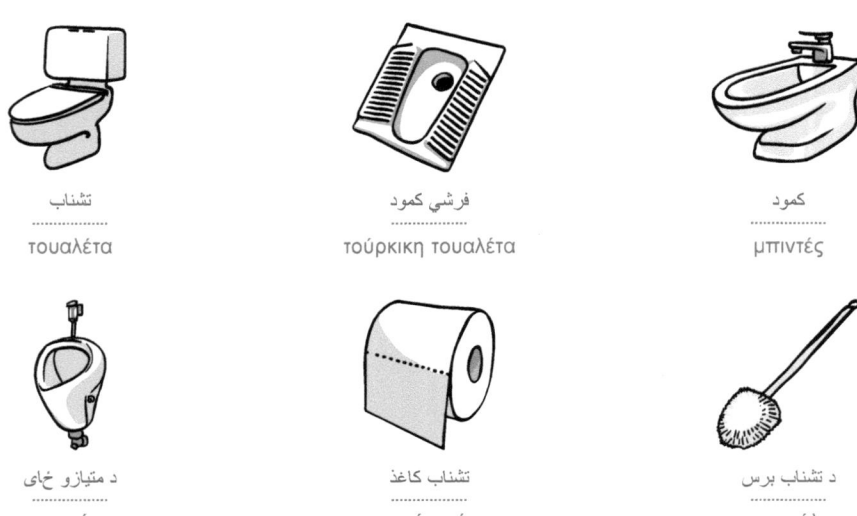

حمام
μπάνιο

شاور
ντους
تودول
θέρμανση
جان پاک
πετσέτα
د شاور پرده
κουρτίνα ντουζ
بیل حمام
αφρόλουτρο
د حمام ټب
μπανιέρα
ګلاس
ποτήρι
د مینځلو مشین
πλυντήριο ρούχων
نل
βρύση
ټایلونه
πλακάκια
یو دول کمود
γιογιό
ظرف شوی
νεροχύτης

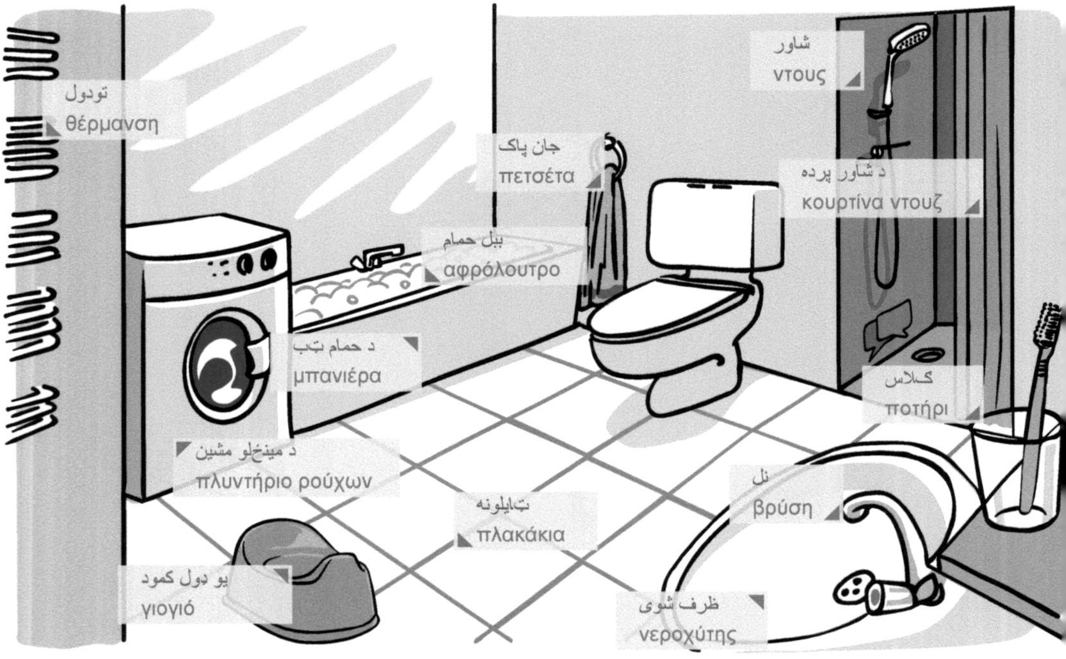

تشناب
τουαλέτα

فرشي کمود
τούρκικη τουαλέτα

کمود
μπιντές

د متیازو ځای
ουρητήριο

تشناب کاغذ
χαρτί υγείας

د تشناب برس
πιγκάλ

د غاښونو برس

οδοντόβουρτσα

د غاښونو کریم

οδοντόκρεμα

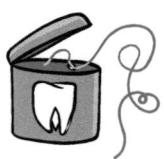

د غاښونو نخ

οδοντικό νήμα

مینځل

πλένω

لاسي شاور

τηλέφωνο ντους

دوش

ντουσιέρα

خانک

λεκάνη

د شا برس

βούρτσα πλάτης

صابون

σαπούνι

د شاور ژل

αφρόλουτρο

شامپو

σαμπουάν

فلانل جامه

φανέλα

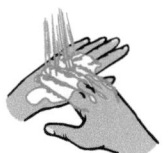

وچول

σιφόνι

کریم

κρέμα

سپری

αποσμητικό

حمام - μπάνιο

آینه

καθρέφτης

لاسي آینه

καθρέφτης χειρός

ریزر

ξυραφάκι

د خریلو فوم

αφρός ξυρίσματος

د خریلو وروسته

αφτερσέιβ

ګمنځ

χτένα

برس

βούρτσα

د وېښتانو وچونکی

σεσουάρ

د وېښتانو سپری

λακ

میک اپ

μακιγιάζ

لیپ ستیک

κραγιόν

د نوکانو پالش

βερνίκι νυχιών

کاټن ورۍ

βαμβάκι

ناخن گیر

ψαλίδι νυχιών

عطر

άρωμα

د مينځلو کثوره

νεσεσέρ

سټول

σκαμπό

د وزن کولو تله

ζυγαριά

د حمام پوښاک

μπουρνούζι

د ربر دستکش

ελαστικά γάντια

ټامپون

ταμπόν

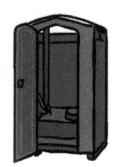

صحیی جان پاک

πετσέτα υγιεινής

کیمیکل تشناب

χημική τουαλέτα

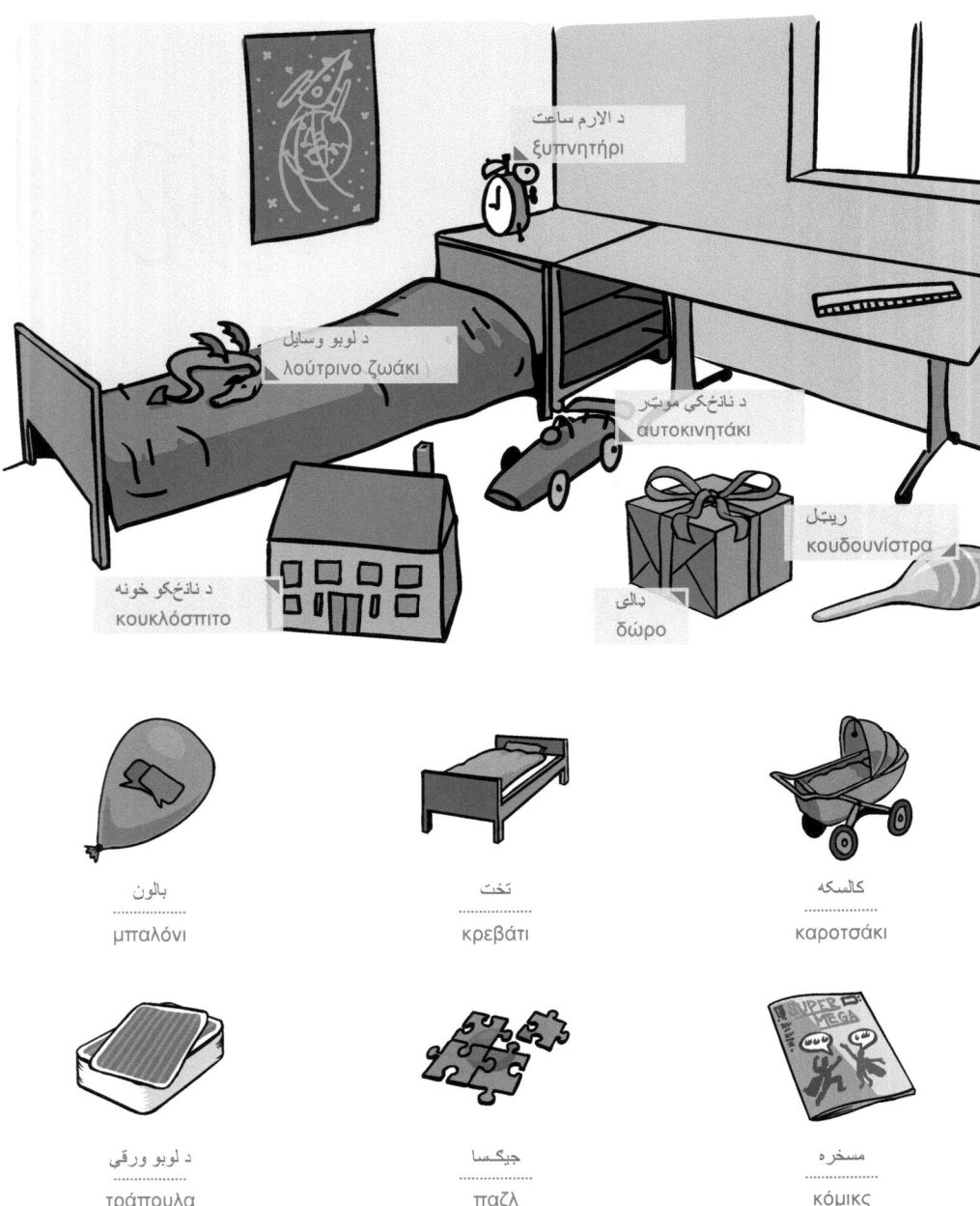

د الارم ساعت
ξυπνητήρι

د لوبو وسایل
λούτρινο ζωάκι

د ناډخکی موټر
αυτοκινητάκι

ریتل
κουδουνίστρα

د ناډخکو خونه
κουκλόσπιτο

بالى
δώρο

بالون
μπαλόνι

تخت
κρεβάτι

کالسکه
καροτσάκι

د لوبو ورقي
τράπουλα

جیکسا
παζλ

مسخره
κόμικς

لیگو بریک

τουβλάκια lego

د ناخچکو بلاک

τουβλάκια κατασκευών

د اکشن فیگور

φιγούρα δράσης

د ماشوم پوښاک

βρεφικό φορμάκι

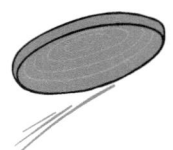

فریزبي

φρίσμπι

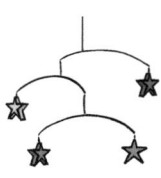

موبایل

μόμπιλο

بورد لوبه

επιτραπέζιο παιχνίδι

تاس

ζάρια

ماډل ریل سیټ

σετ τρενάκι

گونگشی

πιπίλα

پارتي

πάρτι

د عکسونو البوم

εικονογραφημένο βιβλίο

بال

μπάλα

ناخچکه

κούκλα

لوبیدل

παίζω

د شکو کنده
....
σκάμμα με άμμο

سوینگ
....
κούνια

ناڅخکي
....
παιχνίδια

د ویدیو لوبو کنسول
....
κονσόλα βιντεοπαιχνιδιών

تنرای سایکل
....
τρίκυκλο

ګوډبکه
....
αρκουδάκι

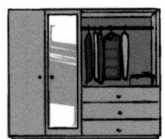

د کالو الماری
....
ντουλάπα

ρούχα

جرابي
....
κάλτσες

لوري جرابي
....
καλτσοδέτες

تایټس
....
καλσόν

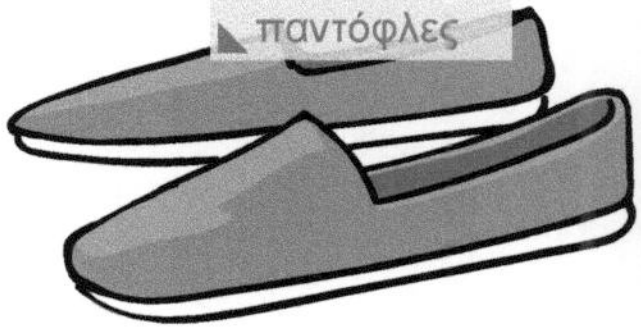

زروکی
κασκόλ

چتری
ομπρέλα

تی شرت
μπλουζάκι

کمربند
ζώνη

بوټان
μπότες

سلیپر
παντόφλες

سنیکر
αθλητικά παπούτσια

سیندل
σανδάλια

بوتتان
παπούτσια

د ربر بوتتان
γαλότσες

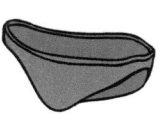

زیرنیکري
εσώρουχο

سینه بند
σουτιέν

واسکت
φανέλα

بادي

σώμα

پتلون

παντελόνι

جينز

τζιν παντελόνι

لمن

φούστα

بلاوز

μπλούζα

شرت

πουκάμισο

بنيان

πουλόβερ

سويتر

πουλόβερ

بليزر

σακάκι

جاكت

μπουφάν

كوت

παλτό

د باران كوت

αδιάβροχο πανωφόρι

پوشاك

κοστούμι

كالي

φόρεμα

د واده پوشاك

νυφικό

دريشي

κοστούμι

د شپې پوښاک

νυχτικό

پاجامه

πιτζάμες

ساړي

σάρι

لوپیټه

μαντήλι

پتکی

τουρμπάνι

برقه

μπούρκα

کفتن

καφτάνι

عبا

μουσουλμανικό ένδυμα

د لامبو پوښاک

ολόσωμο μαγιό

نیکر

ανδρικό μαγιό

شارټ

σορτς

د خُغاستي پوښاک

αθλητική φόρμα

پیش بند

ποδιά

دستکش

γάντια

بتن

κουμπί

عینک

γυαλιά

لاس بند

βραχιόλι

غاړه کی

περιδέραιο

گوتمه

δαχτυλίδι

غوږوالی

σκουλαρίκι

خولۍ

καπέλο

کوټ بند

κρεμάστρα

خولۍ

καπέλο

نیکټایی

γραβάτα

زنځیر

φερμουάρ

هیلمیټ

κράνος

ټرونکی

τιράντες

د ښوونځي یونیفارم

μαθητική στολή

یونیفارم

στολή

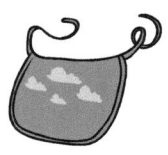

بيب

σαλιάρα

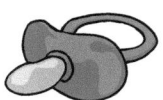

ګونګشی

πιπίλα

نيپي

πάνα

دفتر

γραφείο

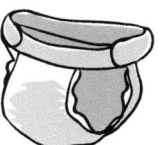

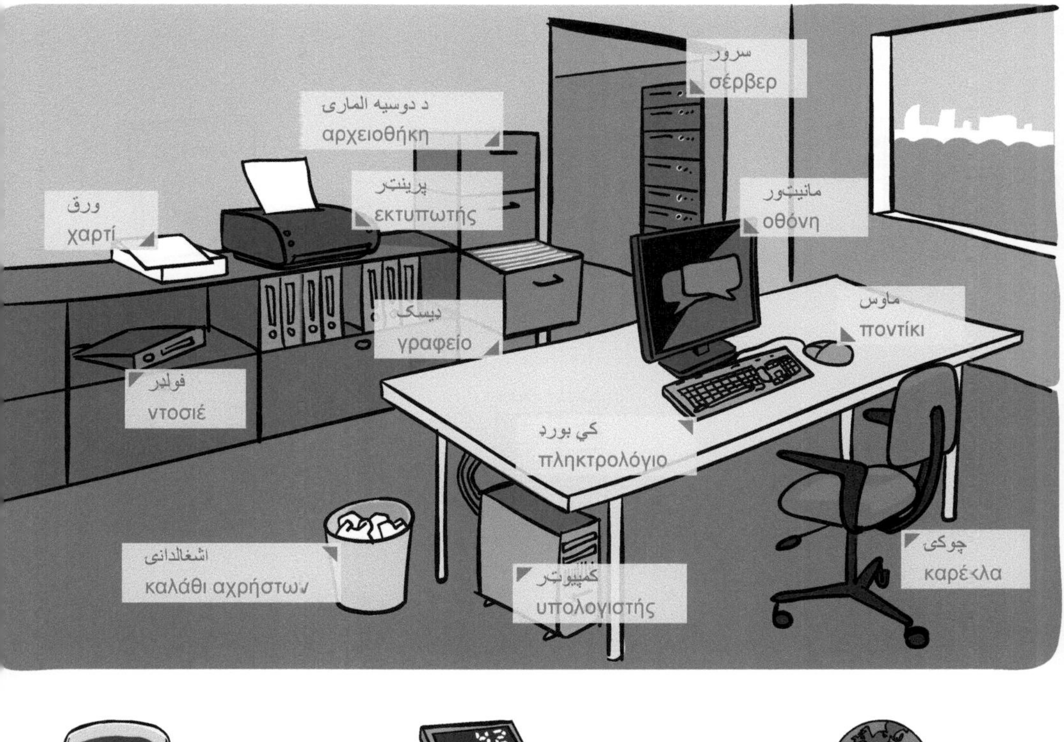

سرور
σέρβερ
د دوسيه الماری
αρχειοθήκη
پرينټر
εκτυπωτής
ورق
χαρτί
مانيټور
οθόνη
ماوس
ποντίκι
ډيسک
γραφείο
فولډر
ντοσιέ
کي بورډ
πληκτρολόγιο
اشغالدانی
καλάθι αχρήστων
کمپيوټر
υπολογιστής
چوکی
καρέ<λα

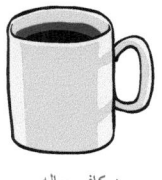

د کافي پياله

κούπα του καφέ

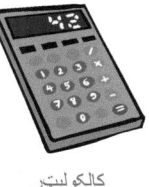

کالکوليټر

κομπιουτεράκι

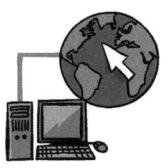

انټرنيټ

ίντερνετ

لپ تاپ
λάπτοπ

لیک
γράμμα

پیغام
μήνυμα

موبایل
κινητό

نیتورک
δίκτυο

فوتوکاپیر
φωτοτυπικό μηχάνημα

سافتویر
λογισμικό

تلیفون
τηλέφωνο

پلک ساکت
πρίζα

فکس مشین
συσκευή φαξ

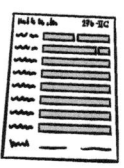

فارم
έντυπο

سند
έγγραφο

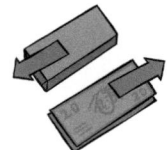

پیرل

αγοράζω

تادیه کول

πληρώνω

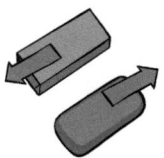

سوداگري کول

συναλλάσσομαι

پیسی

χρήματα

دالر

δολάριο

یورو

ευρώ

ین

γιεν

ربل

ρούβλι

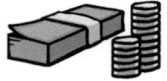

سویسي فرانک

ελβετικό φράγκο

رینمینبي یوان

ρενμίνμπι γιουάν

روپۍ

ρουπία

د نغدي پیسو څای

ATM (αυτόματη ταμειακή μηχανή)

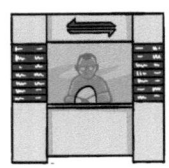

د اسعارو د تبادلی دفتر

ανταλλακτήρια
συναλλάγματος

سره زر

χρυσός

سپین زر

ασήμι

تیل

πετρέλαιο

انرژي

ενέργεια

نرخ

τιμή

قرارداد

συμβόλαιο

مالیه

φόρος

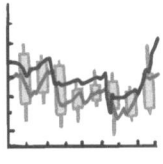

اسهام

μετοχή

کار کول

δουλεύω

کارمند

υπάλληλος

کار ګومارونکی

εργοδότης

فابریکه

εργοστάσιο

پلورنځی

κατάστημα

مسلکونه
επαγγέλματα

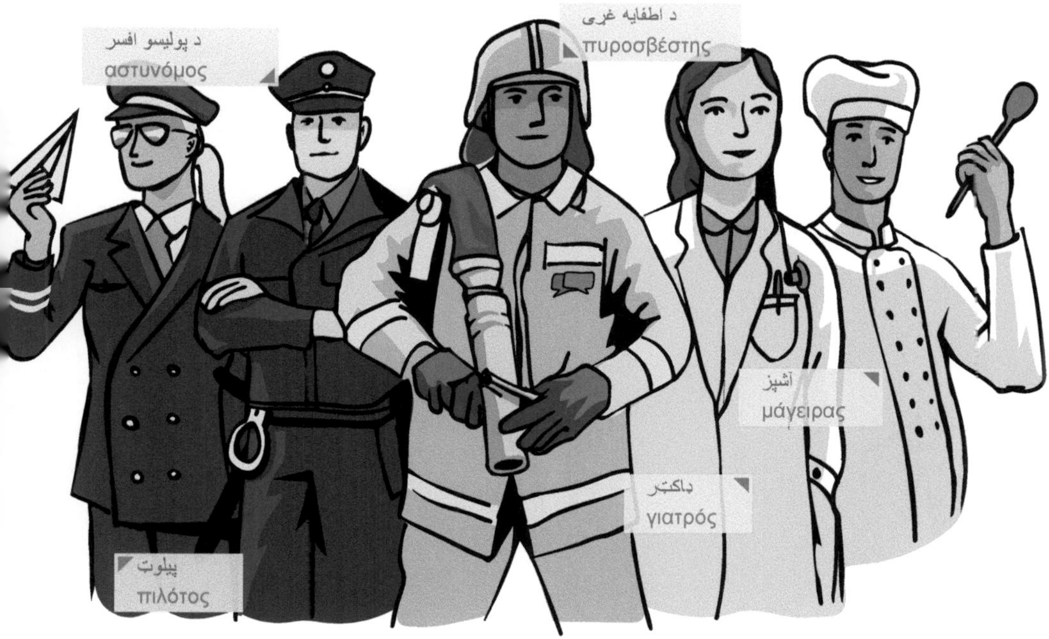
د اطفایه غری
πυροσβέστης
د پولیسو افسر
αστυνόμος
آشپز
μάγειρας
داکټر
γιατρός
پیلوټ
πιλότος

باغوان

κηπουρός

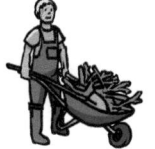

نجار

ξυλουργός

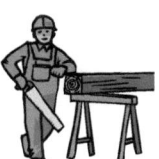

خیاط

μοδίστρα

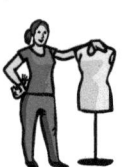

قاضي

δικαστής

کیمیا پوه

χημικός

د فلم لوبغاړی

ηθοποιός

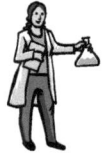

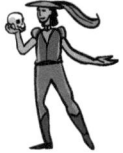

د بس ډرایور

οδηγός λεωφορείου

د ټيکسي ډرایور

ταξιτζής

کب نیونکی

ψαράς

خدمه

καθαρίστρια

بام جوړونکی

τεχνίτης στεγών

پیشخدمت

σερβιτόρος

ښکاري

κυνηγός

نقاش

ζωγράφος

نانوا

αρτοποιός

د برېښنا کارکونکی

ηλεκτρολόγος

تعمیر جوړونکی

οικοδόμος

انجنیر

μηχανολόγος

قصاب

κρεοπώλης

نلدوان

υδραυλικός

پوست رسونکی

ταχυδρόμος

سرتیری
στρατιώτης

مهندس
αρχιτέκτονας

صراف
ταμίας

مالیار
ανθοπώλης

نایی
κομμωτής

کلیندر
ελεγκτής εισιτηρίων

میکانیک
μηχανικός

کپتان
καπετάνιος

د غاښونو ډاکتر
οδοντίατρος

ساینس پوه
επιστήμονας

بش‌اغلی
ραβίνος

امام
ιμάμης

مذهبي نفر
μοναχός

پادري
ιερέας

لوازم
εργαλεία

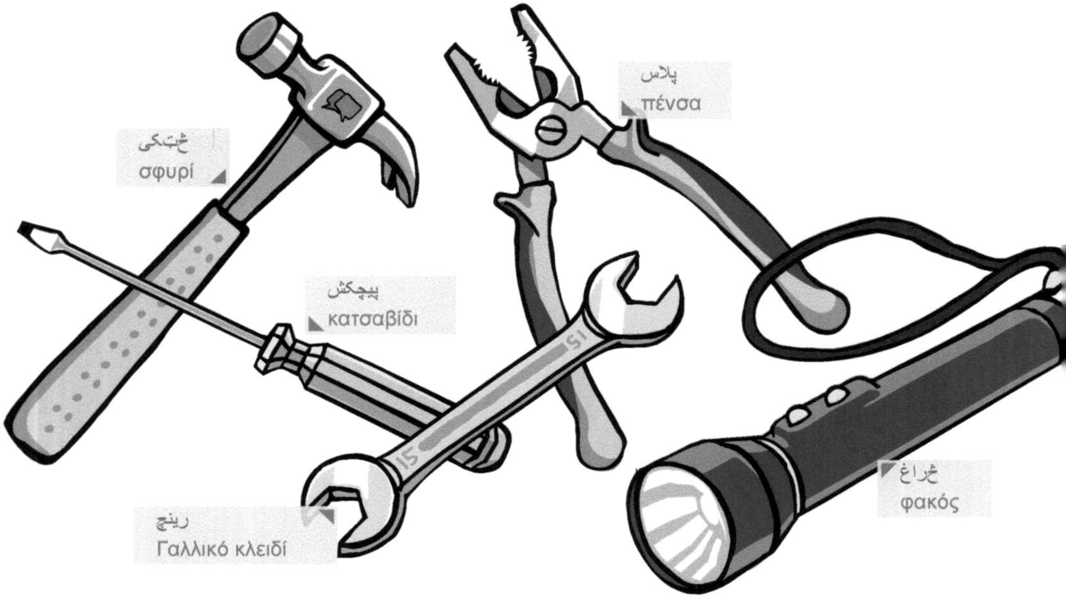
څټکی
σφυρί
پلاس
πένσα
پیچکش
κατσαβίδι
رینچ
Γαλλικό κλειδί
څراغ
φακός

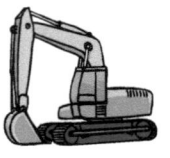

کنستونکی

εκσκαφέας

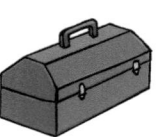

د لوازمو بکس

εργαλειοθήκη

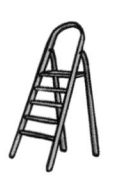

زینه

σκάλα

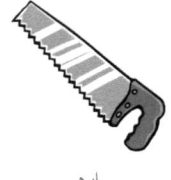

اره

πριόνι

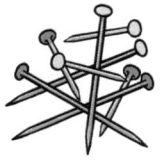

میخونه

καρφιά

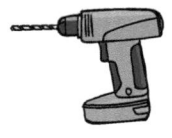

برمه

τρυπάνι

ترمیم کول

επισκευάζω

بیل

φτυάρι

لعنت!

Να πάρει!

خاک انداز

φαράσι

مشوانی

δοχείο χρωμάτων

پیچونه

βίδες

د میوزیک آلات

μουσικά όργανα

لاود سپیکر
μεγάφωνο

درم سیت
ντραμς

کنتر باس
κοντραμπάσο

کیتار
κιθάρα

تروم پیت
τρομπέτα

پیانو

πιάνο

وایلن

βιολί

باس

μπάσο

نغاره

τύμπανα

درمونه

τύμπανο

کي بورد

πλήκτρα

سیکسافون

σαξόφωνο

شپیلی

φλάουτο

مایکروفون

μικρόφωνο

د میوزیک آلات - μουσικά όργανα

ژوبڼ

ζωολογικός κήπος

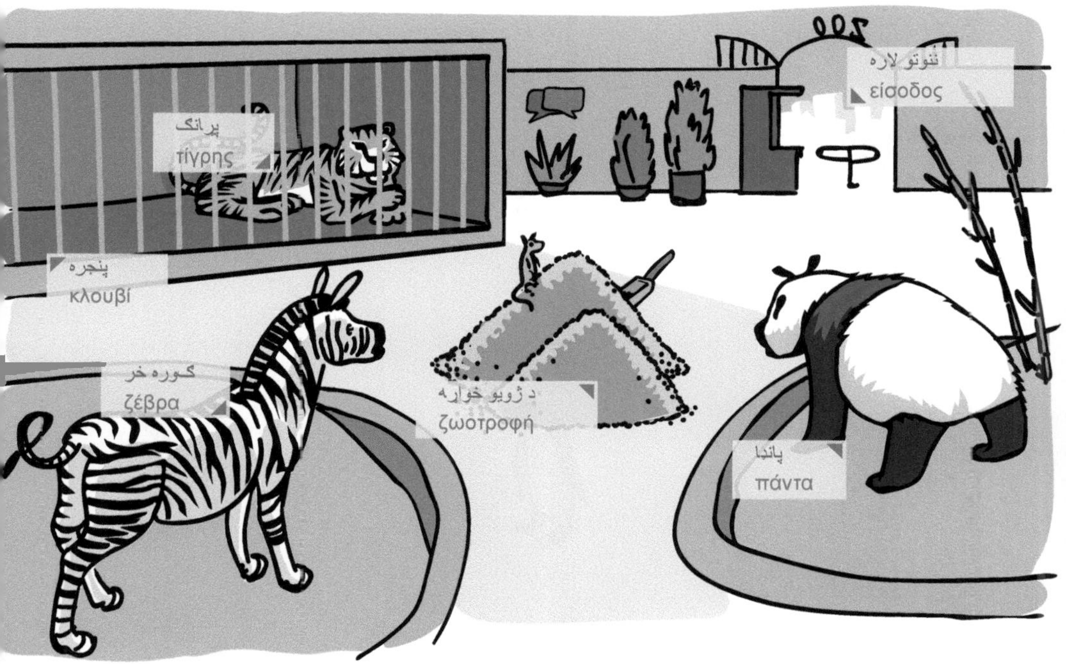
ننوتو لاره
είσοδος
پړانګ
τίγρης
پنجره
κλουβί
ګوره خر
ζέβρα
د ژويو خواړه
ζωοτροφή
پانډا
πάντα

ژوی

ζώα

هاتي

ελέφαντας

کنګرو

καγκουρό

د اوبو اسپ

ρινόκερος

ګوريلا

γορίλας

ايږه

αρκούδα

اوښ

καμήλα

شترمرغ

στρουθοκάμηλος

زمری

λιοντάρι

بيزو

πίθηκος

غزی

φλαμίνγκο

طوطی

παπαγάλος

قطبي ايره

πολική αρκούδα

پينگوين

πιγκουίνος

شارک

καρχαρίας

طاوس

παγώνι

مار

φίδι

تمساح

κροκόδειλος

ژوبن ساتونکی

φύλακας ζωολογικού κήπου

سيل

φώκια

جگوار

τζάγκουαρ

یابو

πόνυ

پرانگ

λεοπάρδαλη

هیپو

ιπποπόταμος

زرافه

καμηλοπάρδαλη

باز

αετός

نرخوگ

αγριογούρουνο

کب

ψάρι

شمشتی

χελώνα

سمندري نولی

θαλάσσιος ίππος

گیدره

αλεπού

هوسی

γαζέλα

امریکایی فټبال
Αμερικάνικο ποδόσφαιρο

سایکل ځغلول
ποδηλασία

ټنیس
αντισφαίριση

باسکیتبال
μπάσκετ

لامبو
κολύμβηση

باکسینگ
πυγχαμία

د کنگل هاکي
χόκεϋ επί πάγου

فټبال
....
ποδόσφαιρο

کسیزه
....
μπάντμιντον

د خځغاستي لوبی
....
στίβος

د هندبال
....
χάντμπολ

سکي
....
σκι

پولو
....
πόλο

فعالیتونه
δραστηριότητες

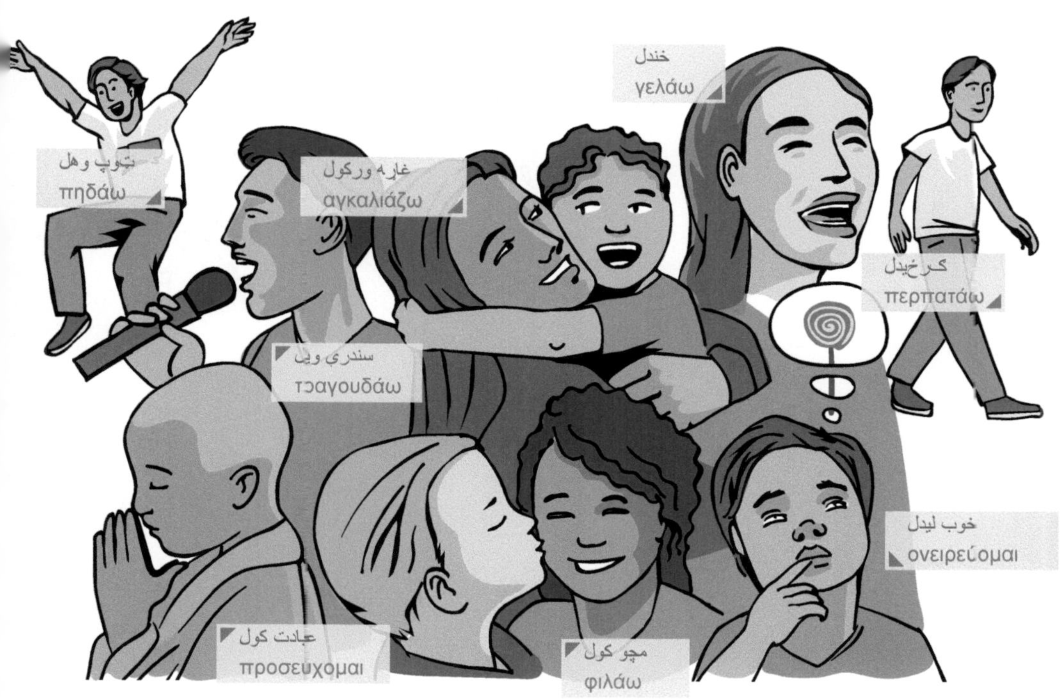

ټوپ وهل
πηδάω
غاړه ورکول
αγκαλιάζω
خندل
γελάω
ګرځېدل
περπατάω
سندري ويل
τραγουδάω
خوب ليدل
ονειρεύομαι
عبادت کول
προσεύχομαι
مچو کول
φιλάω

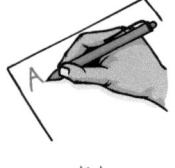

ليکل
γράφω

کښل
σχεδιάζω

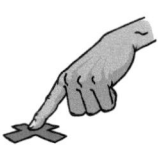

ښودل
δείχνω

ټيله کول
πιέζω

ورکول
δίνω

اخيستل
παίρνω

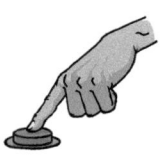

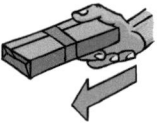

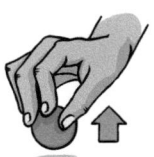

درلودل

έχω

کول

κάνω

پاییدل

είμαι

ودریدل

στέκομαι

منډې وهل

τρέχω

راکښل

τραβάω

ګوزارل

ρίχνω

لویدل

πέφτω

څملاستل

ξαπλώνω

انتظار کول

περιμένω

ورل

κουβαλώ

کښېناستل

κάθομαι

پوښاک اغوستل

φοράω

ویده کیدل

κοιμάμαι

پاخیدل

ξυπνάω

كتل

κοιτάω

ژړل

κλαίω

بريد كول

χαϊδεύω

ګمنځ کول

χτενίζω

خبري كول

μιλάω

پوهيدل

καταλαβαίνω

غوښتل

ρωτάω

اوريدل

ακούω

څښل

πίνω

خورل

τρώω

پاکول

συγυρίζω

مينه كول

αγαπάω

پخلی کول

μαγειρεύω

موټر چلول

οδηγώ

الوتل

πετάω

بېرۍ چلول

κάνω ιστιοπλοΐα

حساب

υπολογίζω

لوستل

διαβάζω

زده کول

μαθαίνω

کار کول

δουλεύω

واده کول

παντρεύομαι

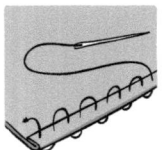

ګنډل

ράβω

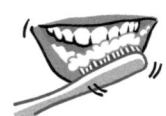

د غاښونو برس کول

βουρτσίζω τα δόντια

وژل

σκοτώνω

سګرټ څکښل

καπνίζω

لیږل

στέλνω

نیا
γιαγιά

نیکه
παππούς

پلار
πατέρας

مور
μητέρα

ماشوم
μωρό

لور
κόρη

زوی
γιος

میلمه
....
καλεσμένος

ترور
....
θεία

کاکا/ماما
....
θείος

ورور
....
αδελφός

خور
....
αδελφή

تندی / μέτωπο

سترگي / μάτι

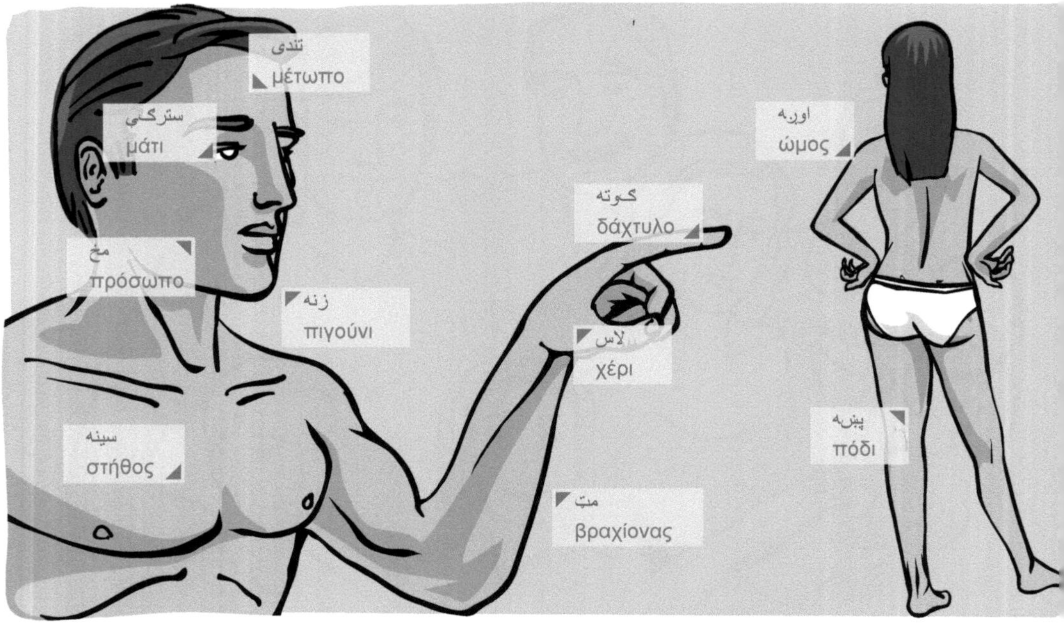

کوته / δάχτυλο

اوږه / ώμος

مخ / πρόσωπο

زنه / πιγούνι

لاس / χέρι

سینه / στήθος

پښه / πόδι

مټ / βραχίονας

مأشوم μωρό 	سړی άνδρας 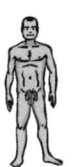	ښځه γυναίκα 
انجلی κορίτσι 	هلک αγόρι 	سر κεφάλι 

شا

πλάτη

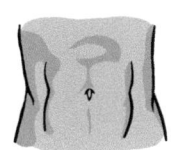

خیتّه

κοιλιά

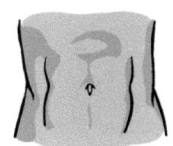

نوم

αφαλός

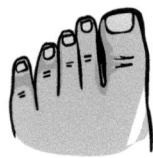

د پښې گوته

δάχτυλο ποδιού

پونده

φτέρνα

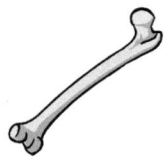

هډوکی

κόκκαλο

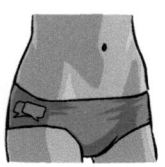

کوناتی

γοφός

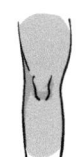

زنگون

γόνατο

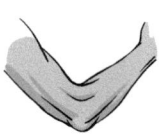

څنګل

αγκώνας

پوزه

μύτη

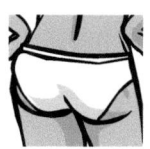

لاندی برخه

γλουτός

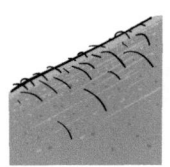

پوتکی

δέρμα

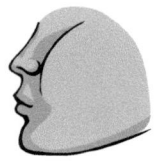

غومبوری

μάγουλο

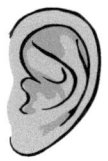

غوږ

αυτί

شونډه

χείλος

خوله

στόμα

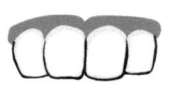

غاښ

δόντι

ژبه

γλώσσα

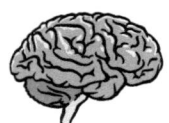

مغز

εγκέφαλος

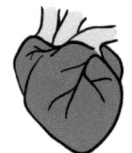

زړه

καρδιά

عضله

μυς

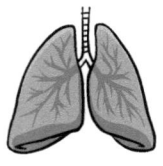

سږی

πνεύμονας

څيګر

συκώτι

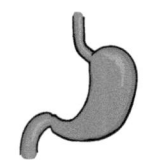

معده

στομάχι

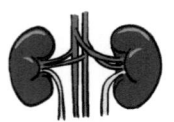

پښتورګي

νεφρά

جنسي نږدي والی

σεξουαλική επαφή

كاندوم

προφυλακτικό

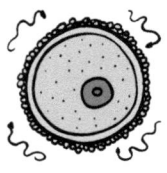

تخمه

ωάριο

منی

σπέρμα

حمل

εγκυμοσύνη

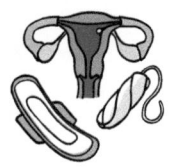

حيض

περίοδος

مهبل

γυναικείος κόλπος

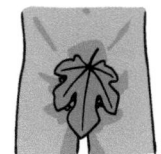

د نارينه تناسلي آله

πέος

وروخی

φρύδι

ویښته

μαλλιά

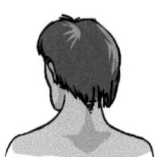

غاړه

λαιμός

بدن - σώμα

روغتون
νοσοκομείο

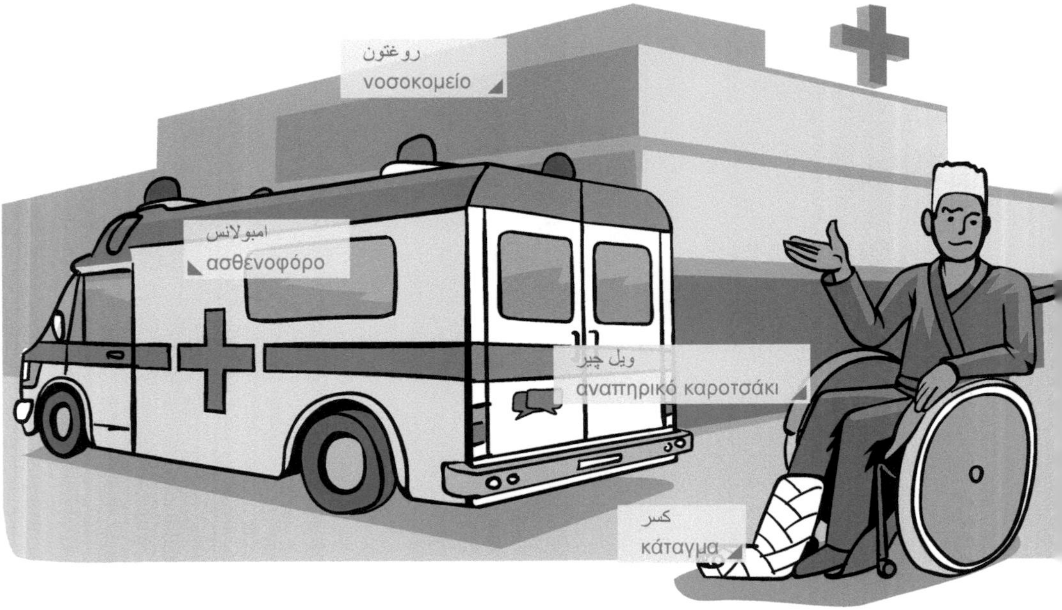

روغتون
νοσοκομείο
امبولانس
ασθενοφόρο
ویل چیر
αναπηρικό καροτσάκι
کسر
κάταγμα

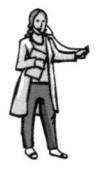

ډاکټر

γιατρός

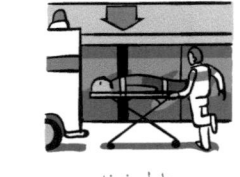

عاجل خونه

μονάδα εντατικής θεραπείας

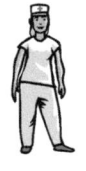

رنځورپال

νοσοκόμα

عاجل

έκτακτη ανάγκη

بې هوش

λιπόθυμος

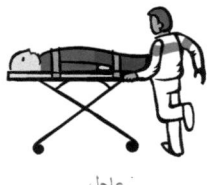

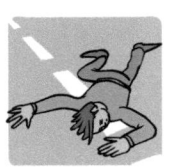

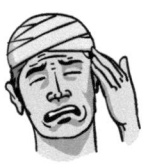

درد

πόνος

تپ

τραύμα

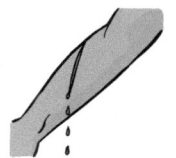

وينه توبدل

αιμορραγία

د زړه حمله

έμφραγμα

ضرب

εγκεφαλικό

حساسیت

αλλεργία

ټوخى

βήχας

تبه

πυρετός

انفلوینزا

γρίππη

نس ناستى

διάρροια

سر درد

πονοκέφαλος

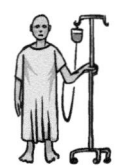

سرطان

καρκίνος

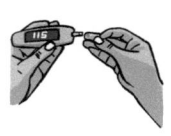

شکر

διαβήτης

جراح

χειρουργός

سکالپل

νυστέρι

عملیات

εγχείρηση

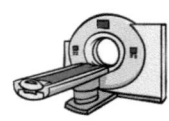

سی.تی

αξονική τομογραφία

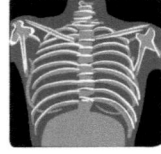

ایکس ری

ακτινογραφία

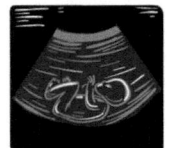

التراساوند

υπέρηχος

د مخ ماسک

μάσκα

ناروغي

ασθένεια

انتظار خونه

αίθουσα αναμονής

امسأ

πατερίτσα

پلستر

χάνσαπλαστ

بنداژ

επίδεσμος

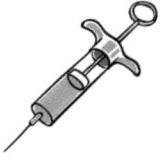

تزریق

ένεση

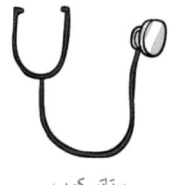

ستاتسکوپ

στηθοσκόπιο

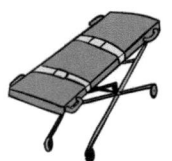

تسکیره

φορείο

کلینکي ترمامیتر

θερμόμετρο

زیرون

γέννηση

زیات وزن

υπέρβαρο

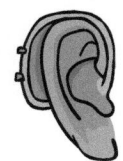

د اورېدو مرسته

ακουστικό βαρηκοΐας

د عفونيت ځخه پاکونکي مواد

αντισηπτικό

عفونيت

λοίμωξη

ويروس

ιός

ايچ.آی.وی/ايدز

HIV/AIDS

درمل

φάρμακο

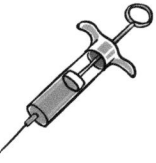

واکسين

εμβολιασμός

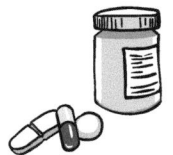

ټابليټس

δισκία

ګولۍ

χάπι

عاجل تليفون

κλήση έκτακτης ανάγκης

د وينې د فشار څارونکی

πιεσόμετρο αίματος

ناروغ/روغ

άρρωστος / υγιής

مرسته!

Βοήθεια!

الارم

συναγερμός

یرغل

βιαιοπραγία

برید

επίθεση

خطر

κίνδυνος

عاجل لاره

έξοδος κινδύνου

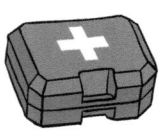

اور!

Φωτιά!

د اور وژونکی

πυροσβεστήρας

پیشه

ατύχημα

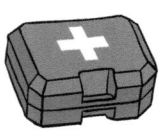

د لومړی مرستي لوازم

κουτί πρώτων βοηθειών

ایس.او.ایس

SOS

پولیس

αστυνομία

اروپا

Ευρώπη

شمالي امریکا

Βόρεια Αμερική

سهیلي امریکا

Νότια Αμερική

افریقا

Αφρική

آسیا

Ασία

آسټریلیا

Αυστραλία

اتلانتیک

Ατλαντικός Ωκεανός

پاسیفیک

Ειρηνικός Ωκεανός

د هند بحر

Ινδικός Ωκεανός

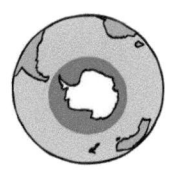

جنوبي منجمد بحر

Ανταρκτικός Ωκεανός

د شمال قطب بحر

Αρκτικός Ωκεανός

شمالي قطب

Βόρειος Πόλος

سهيلي قطب
....
Νότιος Πόλος

انتارکتیکا
....
Ανταρκτική

خُمکه
....
Γη

خُمکه
....
γη

بحر
....
θάλασσα

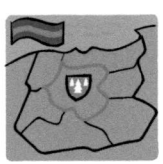

تپاپو
....
νησί

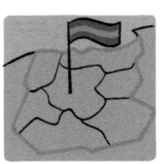

ملت
....
έθνος

دولت
....
πολιτεία

د مخي ساعت

καντράν ρολογιού

د ساعت ستنه

ωροδείκτης

د دقیقی ستنه

λεπτοδείκτης

د ثانیی ستنه

δείκτης δευτερολέπτων

څه وخت دی؟

Τι ώρα είναι;

ورځ

ημέρα

وخت

χρόνος

اوس

τώρα

ديجيټل ساعت

ψηφιακό ρολόι

دقیقه

λεπτό

ساعت

ώρα

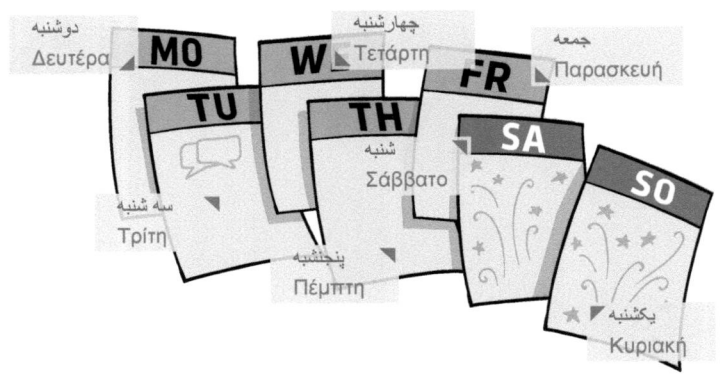

دوشنبه Δευτέρα — MO
چهارشنبه Τετάρτη — W
جمعه Παρασκευή — FR
TU
سه شنبه Τρίτη
TH شنبه Σάββατο
SA
SO
پنجشنبه Πέμπτη
یکشنبه Κυριακή

پرون

χθες

نن

σήμερα

سبا

αύριο

سهار

πρωί

غرمه

μεσημέρι

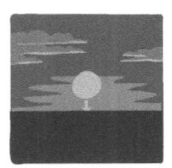

ماښام

βράδυ

MO	TU	WE	TH	FR	SA	SU
1	2	3	4	5	6	7
8	9	10	11	12	13	14
15	16	17	18	19	20	21
22	23	24	25	26	27	28
29	30	31	1	2	3	4

کاري ورځي

εργάσιμες ημέρες

MO	TU	WE	TH	FR	SA	SU
1	2	3	4	5	6	7
8	9	10	11	12	13	14
15	16	17	18	19	20	21
22	23	24	25	26	27	28
29	30	31	1	2	3	4

د اونۍ پای

Σαββατοκύριακο

کال

έτος

باران
βροχή
رنګين کمان
ουράνιο τόξο
واوره
χιόνι
باد
άνεμος
پسرلی
άνοιξη
اوړی
καλοκαίρι
منی
φθινόπωρο
ژمی
χειμώνας

4.APRIL 11°
5.APRIL 4°
6.APRIL 13°
7.APRIL 8°
8.APRIL 10°

د موسم وړاندوينه
....
πρόγνωση καιρού

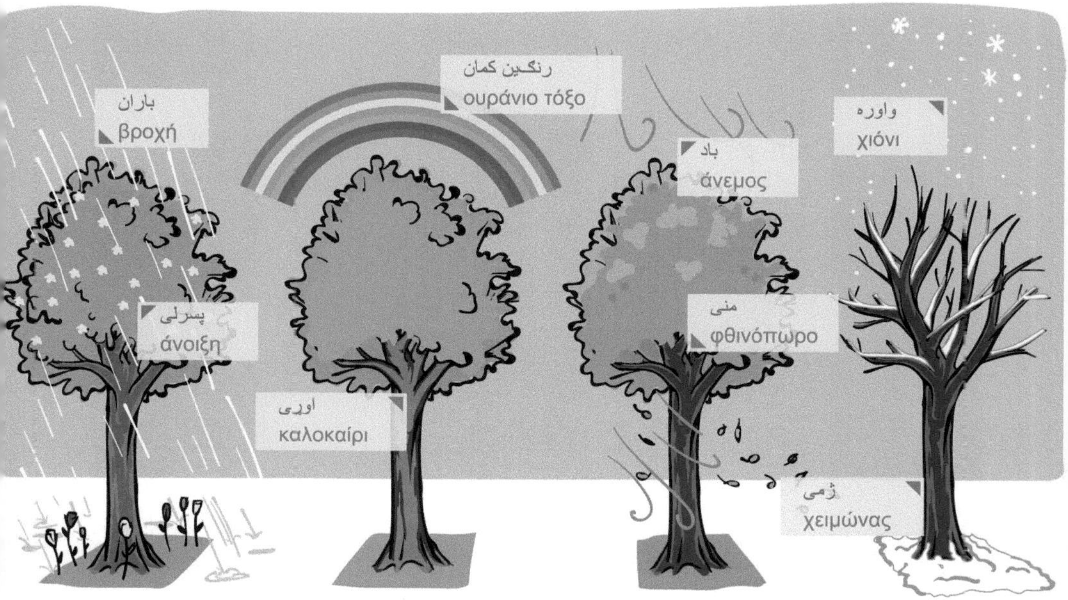

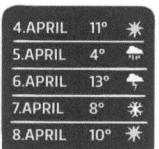

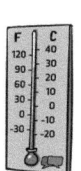

F C
120 40
90 30
60 20
30 10
0 0
-30 -10
-20

ترموميټر
....
θερμόμετρο

د لمر وړانګې
....
λιακάδα

وريځ
....
σύννεφο

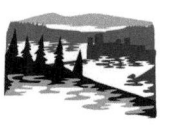

لړه
....
ομίχλη

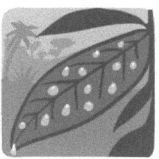

رطوبت
....
υγρασία

رنا

αστραπή

تندر

κεραυνός

توفان

καταιγίδα

ژلی وریدل

χαλάζι

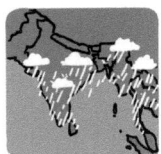

مون سون باران

μουσώνας

سیلاب

πλημμύρα

یخ

πάγος

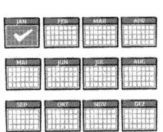

جنوري

Ιανουάριος

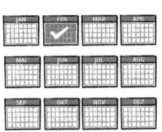

فبروري

Φεβρουάριος

مارچ

Μάρτιος

اپریل

Απρίλιος

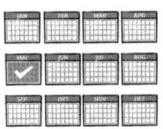

مى

Μάιος

جون

Ιούνιος

جولاى

Ιούλιος

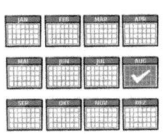

اگست

Αύγουστος

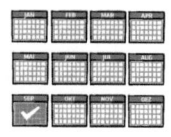

سپتمبر
....
Σεπτέμβριος

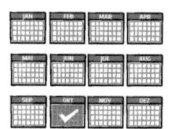

اکتوبر
....
Οκτώβριος

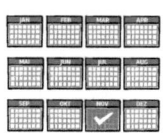

نومبر
....
Νοέμβριος

دسمبر
....
Δεκέμβριος

شکلونه

σχήματα

دایره
....
κύκλος

مربع
....
τετράγωνο

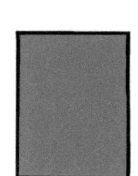

مستطیل
....
ορθογώνιο
παραλληλόγραμμο

مثلث
....
τρίγωνο

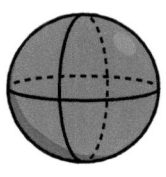

توپ
....
σφαίρα

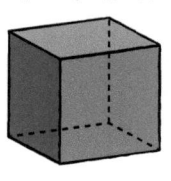

فال
....
κύβος

سپین

áσπρο

ژیر

κίτρινο

نارنجي

πορτοκαλί

گلابي

ροζ

سور

κόκκινο

ارغواني

μωβ

نيلي

μπλε

شين

πράσινο

نسواري

καφέ

خر

γκρι

تور

μαύρο

خورا ډیر/خورا لږ

πολύ / λίγο

قار/ارام

θυμωμένος / ήρεμος

ښکلی/بدشکله

όμορφος / άσχημος

پیلای/پای

αρχή / τέλος

لوی/کوچنی

μεγάλος / μικρός

روښانه/تیاره

φωτεινός / σκοτεινός

ورور/خور

αδελφός / αδελφή

پاک/ککر

καθαρός / λερωμένος

مکمل/نامکمل

πλήρης / ατελής

ورځ/شپه

ημέρα / νύχτα

مړ/ژوندی

νεκρός / ζωντανός

پراخه/انری

φαρδύς / στενός

د خوراک ور/نه خورل کیدونکی

....

βρώσιμος / μη βρώσιμος

بد/مهربان

....

κακός / ευγενικός

پاریدلی/یی خونده

....

ενθουσιασμένος /
βαριεστημένος

چاق/وچ

....

παχύς / λεπτός

لومړی/وروستی

....

πρώτος / τελευταίος

ملګری/دښمن

....

φίλος / εχθρός

ډک/تش

....

γεμάτος / άδειος

سخت/نرم

....

σκληρός / μαλακός

درون/سپک

....

βαρύς / ελαφρύς

لوږه/تنده

....

πείνα / δίψα

ناروغ/روغ

....

άρρωστος / υγιής

غیرقانونی/قانونی

....

παράνομος / νόμιμος

هوښیار/ساده

....

έξυπνος / χαζός

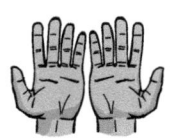

کیڼ/ښی

....

αριστερός / δεξιός

نژدې/لری

....

κοντινός / μακρινός

نوی/زور

καινούριος /
μεταχειρισμένος

هیڅ/یوڅه

τίποτα / κάτι

بدا/ځوان

γέρος | νέος

چالا/بند

αναμμένος / σβηστός

خلاص/ترلی

ανοιχτός / κλειστός

غلی/لور غږ

χαμηλόφωνος /
μεγαλόφωνος

بډایه/غریب

πλούσιος / φτωχός

صحیح/غلط

σωστός / λανθασμένος

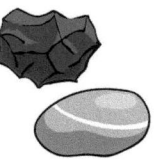

زیر/ملایم

τραχύς / λείος

خفه/خوښ

λυπημένος / χαρούμενος

لنډ/اوږد

κοντός / μακρύς

سست/ګرندی

αργός / γρήγορος

لوند/وچ

υγρός / στεγνός

ګرم/یخ

ζεστός / δροσερός

جګړه/سوله

πόλεμος / ειρήνη

0	**1**	**2**
صفر	يو	دوه
μηδέν	ένα	δύο

3	**4**	**5**
دري	څلور	پنځه
τρία	τέσσερα	πέντε

6	**7**	**8**
شپږ	اوه	اته
έξι	εφτά	οκτώ

9	**10**	**11**
نهه	لس	يولس
εννιά	δέκα	έντεκα

12

سولد

δώδεκα

13

سلرايد

δεκατρία

14

سلراوخ

δεκατέσσερα

15

سلخذپ

δεκαπέντε

16

س رايپش

δεκαέξι

17

سلوو

δεκαεφτά

18

سلتا

δεκαοκτώ

19

سلون

δεκαεννέα

20

لش

είκοσι

100

لس

εκατό

1.000

رز

χίλια

1.000.000

نويليم

εκατομμύριο

انگـلسي

Αγγλικά

امریکایی انگـلسي

Αμερικάνικα Αγγλικά

چینایی مندرین

Μανδαρίνικα Κινέζικα

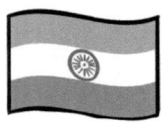

هندي

Χίντι

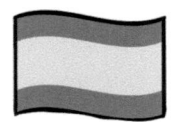

هسپانوي

Ισπανικά

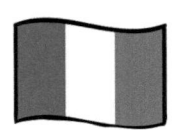

فرانسوي

Γαλλικά

عربي

Αραβικά

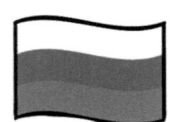

روسي

Ρώσικα

پرتگـالي

Πορτογαλικά

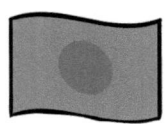

بنگـالي

Μπενγκάλι

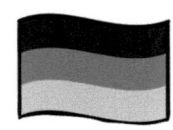

ألماني

Γερμανικά

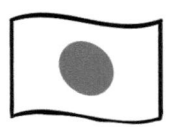

جاپاني

Ιαπωνικά

زه

εγώ

ته

εσύ

هغه/دغه/دا

αυτός / αυτή / αυτό

مونږ

εμείς

تاسي

εσείς

دوی/هغوی

αυτοί / αυτές / αυτά

څوک؟

ποιος / ποια / ποιο;

څه؟

τι;

څنگه؟

πώς;

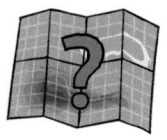

چیري؟

πού;

کله؟

πότε;

نوم

όνομα

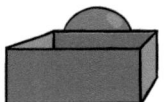

شاته
πίσω

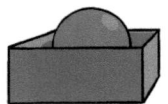

په
μέσα

په مخه کی
μπροστά

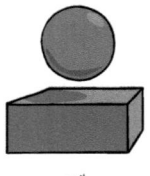

باندي
πάνω από

په
πάνω

لاندي
κάτω

برسيره پر
δίπλα

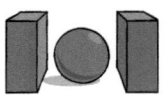

ترمينځ
ανάμεσα

جُبای
μέρος